Schriften der Akademie für Deutsches Recht
Herausgegeben vom Präsidenten der Akademie für Deutsches Recht,
Reichsminister Dr. Hans Frank
Gruppe Schuldrecht
Nr. 3

Neugestaltung des Mietrechts

Von

Dr. Martin Buchwald
Reichsgerichtsrat in Leipzig

JUNKER UND DÜNNHAUPT VERLAG / BERLIN

Schriften der Akademie für Deutsches Recht

Herausgegeben vom Präsidenten der Akademie für Deutsches Recht,
Reichsminister Dr. Hans Frank

Gruppe Schuldrecht

Nr. 3

Schriften der Akademie für Deutsches Recht
Herausgegeben vom Präsidenten der Akademie für Deutsches Recht,
Reichsminister Dr. Hans Frank
Gruppe Schuldrecht
Nr. 3

Neugestaltung des Mietrechts

Von

Dr. Martin Buchwald
Reichsgerichtsrat in Leipzig

JUNKER UND DÜNNHAUPT VERLAG / BERLIN

Druck: Triltsch & Huther, Berlin O17

INHALTSVERZEICHNIS

EINLEITUNG

Nachstehend lege ich in Erfüllung des mir vom Präsidenten der Akademie für Deutsches Recht, Herrn Reichsminister Dr. Frank, erteilten Auftrags den „Entwurf eines Gesetzes über die Miete von Wohn- und Berufsräumen und von Grundstücken“ vor, dem ich eine kurze Begründung vorausschicke. In meiner Abhandlung „Neugestaltung des Mietwesens“ im Jahrbuch 1937 der Akademie für Deutsches Recht (nachst. „Jahrbuch 1937“) S. 9 flg.[1]) habe ich bereits eine Reihe von Grundsätzen dargelegt, von denen m. E. bei der Neugestaltung des Mietrechts auszugehen ist. Auf diese Ausführungen kann ich hier Bezug nehmen. Verwerten konnte ich bei meiner Arbeit die vom Vorsitzenden des Ausschusses für Personen-, Vereins- und Schuldrecht, Herrn Professor Dr. J. W. Hedemann, im Januar 1935 vorgelegte „Abschließende Denkschrift zur Neugestaltung des Mietrechtes“ (nachst. „Denkschrift“), die mir zahlreiche richtungweisende Anregungen bot. Aber auch ältere, von privater Seite für die Neugestaltung des Mietrechts geleistete Vorarbeiten enthalten viele wertvolle und auch heute noch brauchbare Gedanken. Hervorheben möchte ich an dieser Stelle den von Hertel im Auftrage des Reichsverbandes deutscher Einigungsämter verfaßten „Gesetzentwurf für das Mietrecht der Zukunft“ (Mietgericht 1930 Nr. 8; nachst. „Entwurf Hertel“) und den von Groß im Auftrage des Bundes Deutscher Mietervereine im Jahre 1931 bearbeiteten „Entwurf zu einem Gesetz über das soziale Mietrecht“ (nachst. „Entwurf Groß“). Vielfach konnte an die im Deutschen Einheitsmietvertrag (DEMV.) getroffene Regelung angeknüpft werden. Berücksichtigt habe ich selbstverständlich die Erfahrungen, die bei der Anwendung des geltenden Rechts gemacht worden sind. Das

---

[1]) Abgedruckt am Ende dieser Arbeit.

im Lande Österreich geltende Recht ist eingehend verwertet. Von der Gesetzgebung der Nachbarländer habe ich insbesondere die schweizerische herangezogen.

1. Abschnitt

ANWENDUNGSGEBIET DES GESETZES, BEGRIFF UND BEGRÜNDUNG DES MIETVERHÄLTNISSES

Der Entwurf stellt — im Gegensatz zum BGB. (vgl. § 580) — die Miete von Wohn- und Berufsräumen in den Vordergrund (§ 1 Abs. 1). Der Begriff „Berufsraum“ ist enger als der in der Mieterschutzgesetzgebung üblich gewordene, oft wenig passende Ausdruck „Geschäftsraum“, insofern er voraussetzt, daß der Mietraum dem Mieter zur Ausübung eines „Berufs“ dient. Erforderlich ist also eine dem Mieter zum Lebensunterhalt dienende, nicht bloß vorübergehende oder nebensächliche Tätigkeit. Damit scheiden auch solche Mieter aus, bei denen, wie z. B. bei einer Aktiengesellschaft, von der Ausübung eines „Berufs“ nicht gesprochen werden kann. Als „Berufsräume“ kommen z. B. Läden, Werkstätten, Büros, Ateliers, aber auch die der Ausübung der Praxis eines Arztes oder Rechtsanwaltes dienenden Räume in Betracht. Da Wohn- und Berufsräume — von wenigen Sonderbestimmungen abgesehen (§§ 24, 39 Abs. 3 Satz 3, 50 Abs. 2 Satz 2, 3) — gleich behandelt werden, entfällt die Notwendigkeit einer scharfen Abgrenzung, die bisher oft Schwierigkeiten machte und insbesondere die Behandlung der sog. Mischräume erschwerte.

Eine Erweiterung des bisherigen Begriffs des Mietverhältnisses ergibt sich aus § 3. Die Mieterschutzgesetzgebung machte bekanntlich, da sie sich nur auf Mietverhältnisse bezog, eine scharfe Abgrenzung zwischen Miet- und Pachtverhältnissen erforderlich. In der Rechtsprechung zu den §§ 535, 581 BGB. wird ein Pachtvertrag dann angenommen, wenn der überlassene Raum für einen bestimmten Gewerbebetrieb eingerichtet und ausgestattet ist, und zwar selbst wenn die erforderliche Ausstattung (das Inventar) dem Pächter nicht vom Verpächter, sondern von einem Dritten (z. B.

vom Vorpächter) zur Nutzung oder zu Eigentum überlassen wird (RGRKomm. Vorbem. 1 vor § 535). Dies führte dazu, daß zahlreiche Rechtsverhältnisse dem Mieterschutz entzogen wurden. Es besteht aber, worauf der Entwurf Groß (zu § 580a) mit Recht hinweist, kein innerer Grund, z. B. den Gastwirt, den Fleischer, den Bäcker vom Schutze eines sozial ausgestalteten Mietrechts auszunehmen, wenn er außer den Räumen selbst auch das Inventar oder das „Geschäft" käuflich oder zur Nutzung überlassen erhält. Auch in solchen Fällen ist die Überlassung der Räume in aller Regel die Hauptsache.

Der Entwurf soll nach Abs. 2 des § 1 auch auf alle sonstigen, nicht unter Abs. 1 fallenden Mietverhältnisse über Grundstücke, Grundstücks- oder Gebäudeteile sinngemäß Anwendung finden, soweit nichts Abweichendes bestimmt ist. Das ist geschehen in den §§ 11 Abs. 2 Satz 1, 17 Abs. 2 Satz 2, 18 Abs. 3 Satz 2, 20 Abs. 3 Satz 2, 23 Abs. 4 Satz 2, 24 Abs. 3, 27 Abs. 4, 36 Abs. 1 Satz 4, Abs. 2, 46 Abs. 1, 50 Abs. 5, 57 Abs. 2, 58 Abs. 3, 72 Satz 2. Es handelt sich dabei namentlich um Ausnahmen von der sonst vorgeschriebenen Unabdingbarkeit gewisser Vorschriften. Auch der Kündigungsschutz nach den §§ 38 flg. soll auf die sonstigen Mietverhältnisse keine Anwendung finden. Das hindert selbstverständlich den Mieter nicht, gegenüber einer Kündigung des Vermieters gegebenenfalls den Einwand der unzulässigen Rechtsausübung nach allgemeinen Rechtsgrundsätzen (§ 242 BGB.) zu erheben.

§ 4 gewährt dem Mieter vom Abschlusse des Mietvertrags an einen Anspruch auf Herausgabe des Mietraums auch gegen den im Besitze befindlichen Dritten. Ich verweise hierfür auf meine Ausführungen im Jahrbuch 1937 S. 17, 18.[2]) Der Anspruch versagt gegen den Dritten, der dem Vermieter gegenüber zum Besitze berechtigt ist (vgl. Entwurf Groß § 536c). Es entscheidet also die Priorität der Besitzerlangung. Liegt aber der Mietvertrag zeitlich vor der das Besitzrecht des Dritten begründenden Vereinbarung und hatte dieser hierbei von dem Mietvertrage Kenntnis, so geht das Recht des Mieters vor. — Dem § 4 entspricht § 13, der dem Mieter auch im Falle der Besitzentziehung und Besitzstörung durch einen Dritten einen unmittelbaren Anspruch gegen diesen gibt.

---

[2]) S. unten S. 70 flg.

§ 5 stimmt mit § 566 BGB. überein. Zu einer Änderung dieser Vorschrift besteht m. E. keine Veranlassung. Kündigt der Vermieter auf Grund des § 5 Satz 2, so kann der Mieter nach den §§ 38 flg. Widerspruch erheben (s. unten 4. Abschn. unter II).

2. Abschnitt

RECHTE UND PFLICHTEN DER VERTRAGSTEILE

I. Verpflichtung zur Hausgemeinschaft

Die Vorschrift des § 6 bedarf keiner weiteren Begründung. Ihre Fassung stimmt im wesentlichen mit § 7 Abs. 1 DEMV. überein. Die notwendigen Folgerungen aus einer Verletzung der sich aus der Hausgemeinschaft ergebenden Verpflichtungen sind in den §§ 39 Abs. 2, 51 Nr. 1 und 56 gezogen. Auf der Hausgemeinschaft beruhen auch die Vorschriften der §§ 15, 20 Abs. 2, durch die unmittelbare Rechtsbeziehungen zwischen den Hausgenossen hergestellt werden.

II. Instandhaltung des Mietraums.

§ 7 hält an dem in § 536 BGB. und § 20 RMG. aufgestellten Grundsatze fest, daß die Instandhaltungspflicht den Vermieter trifft. Eine Ausnahme ist jedoch zunächst für die sog. Schönheitsinstandsetzungen (vgl. § 7 der Preuß. AusfVO. zum RMG. vom 24. April 1936, GS. S. 99) vorgesehen, die während der Mietzeit erforderlich werden; sie sollen dem Mieter obliegen, ohne daß aber der Vermieter einen Anspruch auf ihre Vornahme hätte. Eine weitere Ausnahme betrifft kleinere Ausbesserungen, die innerhalb des Mietraums während der Mietzeit durch den gewöhnlichen Gebrauch erforderlich werden; zu ihrer Vornahme soll der Mieter auch dem Vermieter gegenüber verpflichtet sein. Diese Ausnahme entspricht dem Art. 263 Abs. 2 SchweizOBlR. In Betracht kommt außer geringfügigen Schäden, zu deren Beseitigung der Mieter häufig selbst in der Lage sein wird, z. B. das Abdichten der Wasserhähne, die Erneuerung von Schaltern oder Sicherungen, das Kehren von Öfen. Derartige Ausbesserungen sind — ebenso wie die sog.

Schönheitsinstandsetzungen — schon jetzt in großem Umfange freiwillig oder auf Grund vertraglicher Abmachungen von den Mietern getragen worden. — Daß durch dieses beiden Ausnahmen eine unbillige Belastung des Mieters einträte, kann nicht zugegeben werden. Wohl aber sind sie dazu angetan, dem Mieter eine pflegliche Behandlung des Mietraums nahezulegen.

Die Vorschriften des § 7 für unabdingbar zu erklären, halte ich aus den von mir im Jahrbuch 1937 S. 14[3]) dargelegten Gründen nicht für angebracht.

Im Anschluß an § 536 BGB. sind die Fragen erörtert worden, ob der Vermieter verpflichtet ist, dem Mieter eines Geschäftsraumes Wettbewerbsunternehmen vom Mietgrundstück fernzuhalten, und ob er ihm die Anbringung von Anlagen auch außerhalb des Mietraums (z. B. Fernsprecher, Außenantenne, Lichtreklame, Firmenschilder) zu gestatten hat. Die Rechtsprechung hat diese Fragen mit Hilfe des § 242 BGB. gelöst. Eine gesetzliche Regelung halte ich nicht für erforderlich, sondern eher für schädlich, da sie nicht in der Lage wäre, der Vielgestaltigkeit der Verhältnisse Rechnung zu tragen.

III. Haftung des Vermieters für Mängel

Die Haftung des Vermieters für Sach- und Rechtsmängel ist in den §§ 8 bis 12 des Entwurfs geregelt. Dabei sind zunächst die von Stoll, Lehre von den Leistungsstörungen S. 92, 93 vorgeschlagenen Änderungen des geltenden Rechts berücksichtigt. Eine Erleichterung der Haftung des Vermieters sieht § 9 dahin vor, daß der Vermieter — anders als nach § 538 BGB. — auch für Mängel, die beim Abschluß des Vertrags vorhanden waren, nur bei Verschulden zu haften hat. Diese Erleichterung erscheint schon mit Rücksicht darauf erforderlich, daß in § 11 die Vorschriften über die Mängelhaftung des Vermieters für unabdingbar erklärt sind (vgl. auch Krückmann MietG. 1931 S. 18 flg.). § 9 Abs. 3 dehnt die vertragliche Ersatzpflicht des Vermieters auch auf die Angehörigen, Angestellten und Besucher des Mieters aus. Ihnen haftete der Vermieter schon nach bisherigem Recht auf Grund der Vorschriften über unerlaubte Handlungen. Daneben ist aber in der

[3]) S. unten S. 66 flg.

Rechtsprechung auf dem Umwege über § 328 BGB. auch eine vertragliche Haftung des Vermieters gegenüber den Familienangehörigen (RGZ. Bd. 91 S. 24; Bd. 102 S. 232; WarnRspr. 1921 Nr. 96) und — wenigstens unter besonderen Umständen — gegenüber den Gewerbegehilfen des Mieters (JW. 1935 S. 1768) anerkannt worden. § 9 Abs. 3 bedeutet daher keine Verschärfung der Haftung des Vermieters, sondern nur eine Vereinfachung der Rechtslage.

Das Recht des Mieters zur Aufrechnung mit Schadensersatzforderungen aus § 9 Abs. 1 und 2 kann nach § 11 Abs. 1 Satz 1 nicht vertraglich ausgeschlossen werden. § 11 Abs. 1 Satz 2 unterwirft jedoch das Recht des Mieters zur Aufrechnung mit Forderungen irgendwelcher Art und zur Ausübung eines Minderungs- oder Zurückbehaltungsrechtes gegenüber der Mietzinsforderung im Anschluß an § 28 Abs. 1 Satz 2, Abs. 2 MSchG. und § 6 Abs. 1 DEMV. bestimmten Einschränkungen.

Die Vorschriften des § 14 über die Anzeigepflicht des Mieters stimmen mit § 545 BGB. überein. § 15 Abs. 1 legt dem Mieter eine Anzeigepflicht auch gegenüber den Inhabern anderer Räume desselben Grundstücks auf; Abs. 2 verpflichtet bei Gefahr im Verzuge die Inhaber gefährdeter Räume zur gegenseitigen Hilfeleistung bei der Abstellung von Mängeln. Die Vorschriften des § 15 sind im wesentlichen dem Entwurf Groß § 545a entnommen.

IV. Lasten des Mietraums

Die Vorschrift des § 16 stimmt mit § 546 BGB. überein. Sie für unabdingbar zu erklären, halte ich aus den von mir im Jahrbuch 1937 S. 14[4]) dargelegten Gründen nicht für angebracht.

V. Verwendungsansprüche des Mieters. Wegnahme einer Einrichtung

§ 17 Abs. 1 entspricht dem § 547 Abs. 1 Satz 1, Abs. 2 BGB. Nach Abs. 2 soll eine Vereinbarung, durch die die Verpflichtung des Vermieters zum Ersatz notwendiger Verwendungen im voraus allgemein ausgeschlossen wird, abgesehen von den in

---

[4]) S. unten S. 66 flg.

§ 1 Abs. 2 bezeichneten Mietverhältnissen nichtig sein. Hiervon sollen also nur die formularmäßig im allgemeinen erklärten Verzichte getroffen werden. Dagegen sind die Vertragsparteien nicht gehindert, im einzelnen Falle zu vereinbaren, daß der Mieter eine bestimmte Herstellung auf seine Kosten übernimmt.

Zu § 18 kann ich auf den Entwurf Hertel § 547 Abs. 3, den Entwurf Groß § 547 Abs. 3—5 sowie auf § 12 Abs. 2 DEMV. Bezug nehmen. § 18 Abs. 2 geht davon aus, daß das Wegnahmerecht für den Mieter wegen der Kosten der Wegnahme und wegen der mit ihr verbundenen Zerstörung der Einrichtung häufig wertlos ist, während die Einrichtung, wenn sie im Mietraume bleibt, für den Vermieter ihren Wert behält (z. B. elektrische Beleuchtungs- oder Klingelanlage). Die Übernahmepflicht des Vermieters muß natürlich dann entfallen, wenn die Anbringung gegen seinen ausgesprochenen Willen erfolgt war. — Abs. 3 erklärt (abgesehen von den im § 1 Abs. 2 bezeichneten Mietverhältnissen) eine im voraus allgemein getroffene Vereinbarung für nichtig, daß der Mieter eine Einrichtung entschädigungslos zurückzulassen habe. Die Vertragsparteien können also im Einzelfalle eine vom Gesetze abweichende Regelung treffen; auch können sie die Art der Entschädigung schon im voraus anders, als im Gesetze bestimmt, regeln.

VI. Gebrauchsrecht des Mieters

§ 19 soll vor allem klarstellen, daß der Mieter berechtigt ist, den Mietraum gegebenenfalls auch zu einem anderen als dem vertraglich bestimmten Zwecke zu benutzen, falls nämlich die Rechte des Vermieters oder der anderen Hausgenossen durch die Gebrauchsänderung nicht oder nur unwesentlich beeinträchtigt werden. In der Regel wird sich dieses Recht des Mieters schon aus § 242 BGB. ergeben. — Im übrigen kann ich auf den Entwurf Hertel § 550 Satz 2 (in der ihm von der Kommission gegebenen Fassung), den Entwurf Groß § 550 Satz 2 und § 7 Abs. 3 DEMV. verweisen.

§ 20 Abs. 1 verpflichtet den Mieter zum Einstehen auch für solche Schäden, die von seinen Familienangehörigen, Angestellten usw. am Mietgrundstück schuldhaft verursacht worden sind. Er entspricht im wesentlichen dem § 9 Abs. 2, 3 DEMV. Bisher wurde dieses Ergebnis auf dem Umwege über eine etwas gezwungene Anwendung des § 278 BGB. erreicht (RGZ. Bd. 84 S. 224). Eine klare Regelung ist zweckmäßig (Denkschrift S. 35). — Abs. 2 erklärt den Mieter auch gegenüber den anderen Hausgenossen für ersatzpflichtig, wenn ihnen an ihrer beweglichen Habe oder gegebenenfalls auch an ihren Räumen durch den Mieter oder eine der in Abs. 1 genannten Personen ein Schaden verursacht wird. Nach geltendem Recht ließe sich eine Haftung des Mieters für diese Personen höchstens aus § 831 BGB. herleiten, der aber nur in den seltensten Fällen anwendbar sein wird (vgl. den vom AG. Koblenz entschiedenen Fall JW. 1937 S. 485). Auch der Mieter selbst kann nach geltendem Recht von einem anderen Hausgenossen nur auf Grund der Vorschriften über unerlaubte Handlungen in Anspruch genommen werden. Der Gedanke der Hausgemeinschaft bietet auch hier die Grundlage zur Herstellung einer auf dem Vertrage beruhenden unmittelbaren Haftung der Mitmieter gegeneinander. — Eine Ausdehnung der Haftung des Mieters auch auf unverschuldete Schäden, wie sie Krückmann MietG. 1931 S. 18 vorschlägt, halte ich für zu weitgehend. Handelt es sich um Schäden, die z. B. durch deliktsunfähige Kinder verursacht werden, so wird meist eine schuldhafte Verletzung der dem Mieter oder seiner Ehefrau obliegenden Aufsichtspflicht in Frage kommen, die zur Begründung der Haftung nach § 20 Abs. 1 und 2 genügen würde.

§ 21, der mit § 548 BGB. übereinstimmt, bedarf keiner weiteren Begründung.

§ 22 (bisher § 550 BGB.) stellt die Zulässigkeit der Unterlassungsklage auch für den Fall klar, daß eine der in § 20 Abs. 1 genannten Personen mit Wissen des Mieters von dem Mietraum einen vertragswidrigen Gebrauch macht.

§ 23 regelt die Frage, unter welchen Voraussetzungen der Mieter berechtigt ist, den Gebrauch des Mietraums einem Dritten zu überlassen, insbesondere ihn unterzuvermieten. Er unterscheidet im Anschluß an den Entwurf Groß § 549, ob der Gebrauch des Mietraums im ganzen oder nur zum Teil einem Dritten überlassen wird. Für den ersten Fall soll es nach Abs. 2 bei der jetzigen Regelung bleiben, daß der Mieter ohne die Erlaubnis des Vermieters nicht zur Weiterüberlassung des Gebrauchs an einen Dritten berechtigt ist, daß der Mieter aber kündigen kann, wenn der Vermieter die Erlaubnis ohne triftigen Grund verweigert. Dagegen stellt Abs. 1 für den zweiten, bei weitem häufigeren und auch in sozialer und wohnungspolitischer Hinsicht bedeutungsvolleren Fall den Grundsatz auf, daß der Mieter zur Weiterüberlassung des Gebrauchs berechtigt ist, soweit nicht im einzelnen Falle hierdurch die berechtigten Belange des Vermieters oder der anderen Hausgenossen verletzt werden. Diese Regelung entspricht dem in Österreich (a. BGB. § 1098) und in der Schweiz (OBlR. Art. 264) geltenden Recht (vgl. auch Denkschrift S. 36 und Verhandlungen des 33. Deutschen Juristentags S. 238 flg.). Ein Kündigungsrecht des Mieters kann im Falle des Abs. 1 selbstverständlich nicht in Betracht kommen. Abs. 4 Satz 1 will verhindern, daß die Befugnis des Mieters zur Weiterüberlassung im voraus formularmäßig ausgeschlossen wird.

VII. Übertragung der Rechte und Verpflichtungen des Mieters aus dem Mietverhältnis auf einen Dritten

§ 24 Abs. 1 ermöglicht es dem Mieter eines ganz oder teilweise als Berufsstätte bestimmten Raumes, im Falle der Veräußerung des von ihm betriebenen Unternehmens die Rechte und Verpflichtungen aus dem Mietverhältnisse mit Zustimmung des Vermieters, zu deren Erteilung dieser aber unter gewissen Voraussetzungen verpflichtet ist, in vollem Umfang auf den Erwerber des Unternehmens zu übertragen. Nach Abs. 2 soll dies für eine Änderung der Rechtsform des vom Mieter betriebenen Unternehmens entsprechend gelten. Rechtlich bedeutet die Zustimmung des Vermieters die Entlassung des bisherigen Mieters unter Annahme des Erwerbers als neuen Vertragspartners innerhalb des laufenden Mietverhältnisses. Für den Fall, daß der Mieter berufsunfähig wird, eine Veräußerung des Unternehmens aber nicht in Betracht kommt, wird der Mieter nach dem weiter unten vorgeschlagenen § 47 (Unzumutbarkeit der Fortsetzung des Mietverhältnissse) regelmäßig zur Kündigung berechtigt sein. Für den Fall des Todes des Mieters eines Berufsraumes trifft § 50 Abs. 2 Satz 2, 3 Vorsorge. Der Begriff „Unternehmen“ ist selbstverständlich im weitesten Sinne zu verstehen. Er umfaßt z. B. einerseits kleine handwerkliche Betriebe, andererseits die Praxis eines Arztes. Die Möglichkeit, gegebenenfalls eine Erhöhung des Mietzinses zu verlangen, wird dem Vermieter durch die Vorschrift des § 27 Abs. 1 Satz 2 gegeben. — Die in § 24 vorgeschlagene Regelung beruht auf Anregungen der Denkschrift S. 15—17, 29 (vgl. auch Entwurf Groß § 579b). Sie für unabdingbar zu erklären, halte ich nicht für angebracht. Es kann z. B. so liegen, daß der Vermieter lediglich aus Gefälligkeit gegenüber einem bestimmten Mieter diesem die Berufsausübung in dem Mietraum zu gestatten bereit ist. Nicht zu verkennen ist auch, daß die in § 24 dem Mieter eingeräumte Befugnis unter Umständen auch unerwünschte Folgen zeitigen kann.

VIII. Mietzins

§ 551 Abs. 2 BGB. sieht für die Grundstücksmiete beim Fehlen abweichender Vereinbarungen die nachträgliche Zahlung des Mietzinses nach dem Ablaufe je eines Kalendervierteljahres vor, sofern der Mietzins nicht nach kürzeren Zeitabschnitten bemessen ist. § 5 RMG. (vgl. auch § 22a Nr. 1 Abs. 3) gibt jedem Vertragsteil das Recht, monatliche Zahlung zu verlangen, falls der Mietzins nach Gesetz oder Vertrag in längeren Zeitabschnitten zu zahlen ist. § 4 DEMV. sieht Vorauszahlung des Mietzinses vor. — Die in § 551 Abs. 2 BGB. getroffene Regelung ist durch die tatsächliche Entwicklung überholt. In aller Regel wird wohl heute, jedenfalls bei Wohnungen, der Mietzins monatlich im voraus gezahlt. Es empfiehlt sich daher, wie dies in § 25 geschieht, diese Zahlungsweise als die gesetzliche Regel aufzustellen.

§ 26 entspricht mit einigen Abweichungen, die keiner besonderen Erläuterung bedürfen, dem § 552 BGB.

§ 27 ist dazu bestimmt, die §§ 49a, 49b MSchG. in ihren zivilrechtlichen Funktionen zu ersetzen. Ob freilich eine solche Vorschrift beim Vorhandensein einer regelmäßigen Raummarktlage erforderlich oder auch nur zweckmäßig ist, kann erheblichen Zweifeln unterliegen (vgl. meine Ausführungen im Jahrbuch 1937 S. 17)[5]). Hält man einen besonderen zivilrechtlichen Schutz des Mieters gegen unangemessene Forderungen des Vermieters für erforderlich, so ist es ein Gebot der Gerechtigkeit, auf der anderen Seite auch dem Vermieter die Erhöhung eines Mietzinses zu ermöglichen, der infolge einer nach Abschluß des Vertrags eingetretenen Änderung der Verhältnisse unangemessen niedrig geworden ist (Denkschrift S. 30). Eine solche Erhöhung kann der Ver-

---

[5]) S. unten S. 69 flg.

mieter nach geltendem Recht innerhalb des laufenden Vertrags überhaupt nicht, im übrigen nur auf dem Umwege über eine Kündigung („Kündigung zwecks Mietsteigerung") erreichen. Dem Mieter wird im Falle einer Erhöhung des Mietzinses das Recht zur vorzeitigen Kündigung des Vertrags zugestanden werden müssen (Abs. 2). — Nach geltendem Recht ist, wenn der Mietzins unangemessen im Sinne des § 49a MSchG. ist, von vornherein nur der angemessene Mietzins als geschuldet anzusehen. Mehr als eine Fiktion ist dies in Wirklichkeit nicht. § 27 sieht statt dessen im Anschluß an § 343 BGB. vor, daß die Änderung des Mietzinses durch rechtsgestaltendes Urteil des Gerichts erfolgt. Ferner soll nach Abs. 1 Satz 3 eine Änderung des Mietzinses für die Vergangenheit ausgeschlossen sein. Nach geltendem Recht hat der Mieter bekanntlich die Möglichkeit, noch nach Jahren mit der Behauptung hervorzutreten, daß er in früherer Zeit zuviel Mietzins bezahlt habe, und mit seinem Rückforderungsanspruch gegen die Mietzinsforderung für eine spätere Zeit aufzurechnen. Die Rechtsprechung hat gegenüber einem solchen Vorgehen des Mieters den Einwand der Verwirkung zugelassen (vgl. u. a. RG.DWohnA. 1935 Sp. 462), der aber nicht in allen Fällen zu einem befriedigenden Ergebnis zu führen vermag. — Nach § 27 Abs. 4 sollen die Vorschriften über die Herabsetzung oder Erhöhung des Mietzinses auf die in § 1 Abs. 2 bezeichneten Mietverhältnisse keine Anwendung finden. Der Kreis der Mietverhältnisse, die eines besonderen sozialen Schutzes bedürftig sind, ist m. E. in § 1 Abs. 1 und § 3 völlig ausreichend umrissen.

3. Abschnitt

PFANDRECHT DES VERMIETERS

Die §§ 28 bis 34 sehen gegenüber den §§ 559 bis 563 BGB. folgende Neuerungen vor: 1. die Ausdehnung des Vermieterpfandrechts auf die eingebrachten Sachen der Familienangehörigen des Mieters, die mit ihm im gemeinschaftlichen Hausstand zusammenleben (§ 28 Abs. 1 Satz 1), 2. ein Pfandrecht des Vermieters an der Forderung des Mieters gegen den Dritten, dem dieser den Gebrauch des Mietraums überlassen hat (§ 29), 3. die Befreiung der

Sachen, die nach § 812 ZPO. nicht gepfändet werden sollen, vom Vermieterpfandrecht (§ 28 Abs. 1 Satz 3), 4. die Klarstellung, daß auch die Pfändung im Wege der Zwangsvollstreckung als Geltendmachung des Vermieetrpfandrechts anzusehen ist (§ 28 Abs. 2), 5. die Schaffung einer Klage des Vermieters auf Duldung der Zwangsvollstreckung in die dem Pfandrecht unterliegenden Sachen und Forderungen (§ 30).

Zu 1. Die Ausdehnung des Vermieterpfandrechts auf die eingebrachten Sachen der Familienangehörigen des Mieters erscheint mit Rücksicht darauf gerechtfertigt und geboten, daß diese Personen nicht nur, wie schon bisher, in tatsächlicher Beziehung die Vorteile des Mietverhältnisses mit genießen, sondern daß ihnen nach den Vorschlägen des Entwurfs auch ein weitgehender rechtlicher Schutz zuteil wird (vgl. insbesondere § 9 Abs. 3, aber auch § 39 Abs. 3 Satz 2, § 50 Abs. 2, 3, § 56). Die Ausdehnung entspricht der nach § 1101 Abs. 1 öst.a.BGB. geltenden Regelung. Vgl. ferner Denkschrift S. 35 sowie Münzel ZAkDR. 1936 S. 310. — Hinzuweisen ist in diesem Zusammenhange noch auf die in Art. 272, 273 Schweiz.OBlR. getroffene Regelung, nach der das Vermieterpfandrecht auch Sachen Dritter erfaßt, falls nicht der Vermieter wußte oder wissen mußte, daß sie nicht dem Mieter gehören. Von Bedeutung ist dies vor allem für Sachen, die der Mieter vor seinem Einzug einem Dritten zur Sicherung übereignet oder von einem Dritten unter Eigentumsvorbehalt gekauft hatte oder während des Bestehens des Mietverhältnisses kauft. Nach französischem Recht (vgl. Bernays JW. 1935 S. 3276) ist ein vertraglicher Eigentumsvorbehalt dem Vermieter gegenüber unwirksam, wenn ihm nicht der Inhalt des Kaufvertrags bei der Lieferung mitgeteilt wird. Für einen Schutz des Vermieters gegen Sicherungsübereignung und Eigentumsvorbehalt führt Münzel a.a.O. S. 309/310 beachtliche Gründe an. Ich habe wegen des Zusammenhangs mit diesen beiden Rechtsinstituten davon abgesehen, bestimmte Vorschläge zu machen, würde aber eine dem Schweizer Recht entsprechende Regelung für durchaus erwägenswert und ohne Schwierigkeiten durchführbar halten.

Zu 2. Die Gewährung eines Pfandrechts an der Forderung des Mieters gegen den Dritten, dem er den Gebrauch des Mietraumes überlassen hat, ist m. E. ein notwendiger Ausgleich dafür, daß nach dem Vorschlag in § 23 Abs. 1 dem Mieter grundsätzlich das Recht zu einer teilweisen Weiterüberlassung des Gebrauchs des Mietraums zugestanden wird. Ein Pfand- (oder Retentions-) Recht an der Forderung gegen den (kurz gesagt) Untermieter kennen Art. 272 Abs. 2 Schweiz. OBlR. und Art. 1753 C. c. Nach § 1101 öst.a.BGB. in der bis zur III. Teilnovelle vom 19. März 1916 geltenden Fassung hafteten dem Vermieter auch die Sachen des Untermieters; ebenso nach § 1228 Satz 2 Sächs.BGB. insoweit, als der Untervermieter eine Forderung aus dem Vertrage gegen den Untermieter hat. Wenn Art. 272 Abs. 2 Schweiz. OBlR. ausspricht: „Das Retentionsrecht des Vermieters erstreckt sich auch auf die von dem Untermieter eingebrachten Gegenstände, jedoch nur insoweit, als diesem gegenüber das Recht des Untervermieters reicht", so ist die Konstruktion des Rechtsverhältnisses hier ebenfalls die, daß dem Vermieter neben den Illaten des Mieters auch dessen Mietzinsforderung aus Untermiete haftet, so daß der Vermieter auch das zugehörige Retentionsrecht geltend machen kann (Gmür-Becker, Anm. 5 zu Art. 272 Schweiz. OBlR.). — Die Ausdehnung des Vermieterpfandrechts auf die Forderung des Mieters gegen den Untermieter ist auch von den Entwürfen Hertel (§ 559 Abs. 2—5) und Groß (§ 559 Abs. 3) vorgeschlagen worden.

Nach § 29 Abs. 2 darf der Mieter die Forderung gegen den Untermieter so lange einziehen oder in anderer Weise über sie verfügen, als nicht der Vermieter — durch Pfändung im Wege der Zwangsvollstreckung oder des Arrestes oder durch Vollziehung einer einstweiligen Verfügung (vgl. RGRKomm. § 1121 Bem. 3) — die Beschlagnahme der Forderung zu seinen Gunsten erwirkt hat (entsprechend § 1124 BGB.). Die Beschlagnahme der Forderung umfaßt das dem Mieter zustehende gesetzliche Pfandrecht an den eingebrachten Sachen des Untermieters in demselben Umfang, in dem dieses Recht bei einer Abtretung gemäß § 401 BGB. mit übergehen würde (Gaupp-Stein-Jonas ZPO. § 829 Bem. IV, 3 und § 838 Bem. I). Hiervon geht die Vorschrift des § 30 Abs. 2 aus. Solange der Untermieter seinen Verpflichtungen gegen den Mieter nachkommt, können die von ihm eingebrachten Sachen auch vom Vermieter nicht in Anspruch genommen werden. Erst die Beschlagnahme der Forderung des Mieters gegen den Untermieter gibt dem Vermieter die Möglichkeit eines Zugriffs auf die vom Untermieter eingebrachten Sachen. Bis dahin kann der Vermieter daher auch der Entfernung der vom Untermieter eingebrachten

Sachen nicht widersprechen (§ 32 Abs. 1 Satz 2, Abs. 2 Satz 2). Auch nach erfolgter Beschlagnahme der Forderung des Mieters gegen den Untermieter gilt aber zu Gunsten des Untermieters die Vorschrift des § 31 Abs. 2. Alles dies selbstverständlich nur solange, als nicht der Vermieter die einzelnen eingebrachten Sachen des Untermieters im Wege der Zwangsvollstreckung gepfändet hat, sowie unbeschadet des Rechtes des Vermieters, die Herausgabe der einzelnen Sachen gemäß den §§ 1231, 1257 BGB. zum Zwecke des Pfandverkaufs zu verlangen.

Zu 3. Die Frage, ob auch solche Sachen, die nach § 812 ZPO. nicht gepfändet werden sollen, dem Vermieterpfandrecht entzogen sind, ist streitig und bisher nicht abschließend entschieden worden (vgl. RGZ. Bd. 80 S. 35). Eine klare Regelung ist wünschenswert.

Zu 4. Streitig und bisher ebenfalls nicht abschließend entschieden ist auch die Frage, ob in der Pfändung der dem Vermieterpfandrecht unterliegenden Sachen durch den Gerichtsvollzieher eine Geltendmachung des Vermieterpfandrechts zu erblicken ist. Die Frage ist sowohl für die Erhaltung des Pfandrechts als auch für das Verhältnis zur Pfändung durch Dritte von größter Bedeutung. In der Praxis hat sich der Vermieter meist in der Weise aus den eingebrachten Sachen des Mieters Befriedigung verschafft, daß er gegen den Mieter einen Schuldtitel auf Zahlung des Mietzinses erwirkt und auf Grund dieses Titels die eingebrachten Sachen durch den Gerichtsvollzieher gepfändet hat, während der Weg des Pfandverkaufs gemäß den §§ 1228 flg., 1257 BGB. nur selten gewählt wurde. Es ist nicht recht einzusehen, weshalb nicht auch in der Pfändung durch den Gerichtsvollzieher, die ja dem Vermieter auch den Besitz des Pfandgegenstandes verschafft, eine Geltendmachung des Vermieterpfandrechts sollte gefunden werden können. Eine Klarstellung in diesem Sinne empfiehlt sich jedenfalls.

Zu 5. In der ZAkDR. 1936 S. 305 flg. hat Münzel eingehend dargelegt, mit welchen Schwierigkeiten die Verwirklichung des Vermieterpfandrechts heute verbunden ist. Er schlägt die Schaffung einer der dinglichen Hypothekenklage entsprechenden dinglichen Klage auf Duldung der Zwangsvollstreckung in die eingebrachten Sachen des Mieters vor. Ein Teil der von ihm hervorgehobenen Schwierigkeiten wäre zwar schon mit dem unter 4 gemachten Vorschlage beseitigt. Gegenstandslos wird sein Vorschlag aber damit noch nicht. Er gewährt namentlich auch im Falle der Entfernung der Sachen oder des Auszugs des Mieters einen einfachen Weg, der zur Erhaltung des Pfandrechts und gleichzeitig zu seiner Verwertung führt (§ 32 Abs. 2). Ich kann im übrigen auf die Ausführungen M ü n z e l s verweisen, denen durchweg beizutreten ist. — Dem Vermieter würden also künftig drei Wege zur Verwirklichung seines Pfandrechts zur Verfügung stehen: a) der Pfandverkauf nach den §§ 1228 flg., 1257 BGB., b) die Erwirkung eines auf Zahlung gerichteten persönlichen Schuldtitels gegen den Mieter und auf Grund dessen die Pfändung im Wege der Zwangsvollstreckung, c) die Erwirkung eines dinglichen Schuldtitels und die Pfändung auf Grund dieses Titels. Die Klagen unter b und c würden auch miteinander verbunden werden können. Die persönliche Klage brauchte der Vermieter nur dann zu erheben, wenn er glaubt, sich auch aus anderen als den seinem Vermieterpfandrecht unterliegenden Vermögensgegenständen des Mieters Befriedigung verschaffen zu können.

4. A b s c h n i t t

BEENDIGUNG DES MIETVERHÄLTNISSES

I. Die Beendigung des Mietverhältnisses ist in den §§ 35 bis 58 behandelt, und zwar betreffen die §§ 35 Abs. 1, 40, 41 den Fall der Beendigung durch A b l a u f d e r v e r t r a g l i c h b e s t i m m t e n M i e t z e i t, die §§ 35 Abs. 2, 36 Abs. 1, 2, 37 bis 39, 42 bis 46 die o r d e n t l i c h e K ü n d i g u n g. die §§ 36 Abs. 3, 47 bis 50 die v o r z e i t i g e K ü n d i g u n g unter Einhaltung der gesetzlichen Frist (s. aber auch die §§ 23 Abs. 2 Satz 2, 27 Abs. 2), die §§ 51 bis 58 die f r i s t l o s e K ü n d i g u n g. Eine Vorschrift dahin, daß jeder Mietvertrag als auf unbestimmte Zeit geschlossen gilt, wie sie mitunter vorgeschlagen worden ist, halte ich nicht für zweckmäßig. Das Bestreben muß m. E. im Gegenteil dahin gehen, den Abschluß langfristiger Mietverträge zu fördern.

Die Dauer der Kündigungsfristen ist in § 36 im wesentlichen im Anschluß an § 565 BGB. geregelt. Für die in § 1 Abs. 1 und

§ 3 bezeichneten Mietverhältnisse kann nur die Frist von einem Vierteljahre in Frage kommen. Abweichende Vertragsabreden sind nach § 36 Abs. 1 Satz 2, 3 nur in bestimmtem Umfange zulässig.

§ 37 schreibt, abweichend vom bisherigen Recht, für die Kündigung eine Form vor, nämlich die Schriftform unter Übermittlung durch eingeschriebenen Brief. Eine solche Vorschrift empfiehlt sich zunächst schon aus dem Grunde, weil damit der jetzt nicht seltene Streit darüber abgeschnitten wird, ob die Kündigung fristgemäß ausgesprochen worden ist. Sie ist ferner geeignet, einer unüberlegten, vielleicht nur einer augenblicklichen Aufwallung entspringenden Handlungsweise entgegenzuwirken. Vor allem aber ist sie mit Rücksicht auf das in den §§ 38 flg. vorgeschlagene, kurz befristete Widerspruchsrecht des Mieters erforderlich. Der mit der Formvorschrift verfolgte Zweck ist erfüllt, wenn der Empfänger der Kündigung dem Kündigenden ein mit der Angabe des Tages des Zugangs der Kündigung versehenes schriftliches Empfangsbekenntnis ausstellt (§ 37 Satz 2). Ersetzt wird die Form des eingeschriebenen Briefes nach § 37 Satz 3 durch eine nach den Vorschriften der ZPO. erfolgende Zustellung der Kündigung. Damit wird z. B. ermöglicht, die Kündigung auch in einer Räumungsklage auszusprechen, was vor allem für die Fälle der fristlosen Kündigung von Bedeutung ist.

II. Die Frage, wie das ordentliche Kündigungsrecht des Vermieters zu gestalten ist, ist mit gutem Grunde von jeher als das Kernstück der Neugestaltung des Mietrechts angesehen worden. Im Jahrbuch 1937 S. 15, 16[6]) habe ich mich bereits dahin ausgesprochen, daß eine Rückkehr zum freien, d. h. willkürlichen Kündigungsrecht des Vermieters im Sinne des BGB. nicht in Frage kommen kann, daß es sich aber andererseits auch nicht empfiehlt, das dem MSchG. zu Grunde liegende System der festen Aufhebungs- oder Kündigungstatbestände beizubehalten, sondern daß die Aufstellung einer Generalklausel in Anlehnung an den Gedanken der unzulässigen Rechtsausübung vorzuziehen ist. Diese Generalklausel bedarf allerdings einer näheren Ausgestaltung nach der Richtung, unter welchen Voraussetzungen die Ausübung des Kündigungsrechtes des Vermieters als unzulässig an-

---

[6]) S. unten S. 67 flg.

zusehen ist. Begriffe wie „Rechtsmißbrauch“, „Verstoß gegen Treu und Glauben“, „unbillige Härte“, „wichtiger Grund“ sind dabei m. E. wegen ihrer Unbestimmtheit und Dehnbarkeit nicht geeignet. Es empfiehlt sich vielmehr eine den Besonderheiten des Rechtsverhältnisses der Miete angepaßte Kennzeichnung, mit der auch der rechtsunkundige Volksgenosse — Vermieter oder Mieter — bestimmte Vorstellungen verbinden kann. Ich habe es daher in § 39 Abs. 1 darauf abgestellt, ob ein sorgsamer, gerecht denkender und seiner Pflichten gegen die Volksgemeinschaft bewußter Hausverwalter unter den gegebenen Verhältnissen von seinem Kündigungsrechte Gebrauch gemacht haben würde. Damit kommt zugleich zum Ausdruck, daß mit der Einschränkung des Kündigungsrechts den Hausbesitzern nichts Unbilliges zugemutet, von ihnen vielmehr nur ein solches Verhalten erwartet wird, das ein verständiger Hausbesitzer schon von sich aus einschlagen wird.

In den Absätzen 2, 3 des § 39 sind — ähnlich wie in § 4 MSchG. — eine Reihe von Umständen angeführt, die bei der Entscheidung über die Wirksamkeit der Kündigung zu berücksichtigen sind. Abs. 4 gewährt dem Vermieter die Möglichkeit, dem Mieter die Zahlung eines Geldbetrags zum Ausgleich der ihm durch den Auszug entstehenden Unkosten und wirtschaftlichen Nachteile anzubieten. Ein Zwang kann auf den Vermieter in dieser Richtung nicht ausgeübt werden. Er erlangt durch ein solches Angebot auch kein Recht darauf, daß der Widerspruch des Mieters gegen die Kündigung zurückgewiesen wird. Das Gericht hat vielmehr frei zu prüfen, ob durch Zahlung des vom Vermieter angebotenen Betrags die gegen die Kündigung sprechenden Umstände beseitigt werden. Die vorgeschlagene Regelung führt also nicht dazu, daß der Vermieter sich das Kündigungsrecht gewissermaßen „abkaufen“ kann. Läßt das Gericht die Kündigung mit Rücksicht auf die vom Vermieter angebotene Entschädigung zu, so ergibt sich das weitere Verfahren aus § 43 Abs. 3, 4.

Die Entscheidung über die Wirksamkeit der Kündigung des Vermieters — selbstverständlich nur der ordentlichen, nicht der vorzeitigen oder fristlosen — soll nach den Vorschlägen des Entwurfs in einem besonderen Widerspruchsverfahren vor dem Amtsgericht erfolgen, wie es schon früher mehrfach vorgeschlagen worden ist (z. B. von Brandis Verhandlungen des 33. Deutschen Juristentags S. 247, Hertel III. Sonderdruck des

„Mietgericht“ S. 47/48; vgl. auch das in den §§ 2, 3 des Gesetzes über das Kündigungsrecht der durch das Gesetz zur Wiederherstellung des Berufsbeamtentums betroffenen Personen vom 7. April 1933, RGBl. I S. 187, geregelte Widerspruchsverfahren). Dieses Widerspruchsverfahren soll nach § 40 auch im Falle der sog. unechten Kündigung (RGZ. Bd. 86 S. 62, Bd. 97 S. 81) und nach § 41 im Falle des Ablaufs eines auf bestimmte Zeit geschlossenen Mietvertrags Anwendung finden. Es ist selbstverständlich, daß die Entscheidung über den Widerspruch mit möglichster Beschleunigung ergehen muß; jeder Vertragsteil muß spätestens bis zum Ablauf der Kündigungsfrist wissen, ob die Kündigung wirksam ist oder nicht. Diesem Beschleunigsbedürfnis trägt die kurze Bemessung der Fristen (§§ 38, 42 Satz 1, 44 Abs. 1), die Einschränkung der Beschwerde (§ 44 Abs. 2) sowie der Ausschluß der weiteren Beschwerde (§ 44 Abs. 4) Rechnung. Wird der Widerspruch zurückgewiesen, so ist nach § 43 Abs. 2 der Mieter zugleich zur Räumung des Mietraums zu verurteilen, abgesehen von dem Falle, daß auch über die Rechtswirksamkeit der Kündigung — z. B. über ihre vertragliche Zulässigkeit, über ihre Rechtzeitigkeit — Streit besteht. Die Entscheidung über die Rechtswirksamkeit muß im ordentlichen Prozeßverfahren getroffen werden. Im übrigen steht aber ein Streit über die Rechtswirksamkeit der Kündigung der Durchführung des Widerspruchsverfahrens nicht entgegen.

In § 43 Abs. 2 Satz 2, 3 ist die Bewilligung einer Räumungsfrist geregelt. Eine gewisse, wenn auch nicht unter allen Umständen zwingende Begrenzung der Dauer der Frist ist mit Rücksicht auf die gegenwärtige Praxis der Gerichte (vgl. Roquette DWohnA. 1937 Sp. 56) erwünscht. Für eine Verlängerung der Räumungsfrist, wie sie jetzt nach § 5a Abs. 2 MSchG. möglich ist, besteht nach Eintritt einer regelmäßigen Raummarktlage kein Bedürfnis mehr.

Die Vorschriften des § 43 Abs. 4 über die Erteilung der vollstreckbaren Ausfertigung und den Beginn der Zwangsvollstreckung gegen den Mieter entsprechen denen des § 16 MSchG.

§ 45 erklärt die Vorschriften über die Form der Kündigung und über das Widerspruchsrecht des Mieters für zwingend.

Auf die in § 1 Abs. 2 bezeichneten Mietverhältnisse sollen die Vorschriften über das Widerspruchsrecht des Mieters aus dem oben 2. Abschn. unter VIII a. E. angeführten Grunde keine Anwendung finden. Einer besonderen Regelung bedürfen die Untermietverhältnisse und die ihnen nach § 46 Abs. 2 Satz 2 gleichzustellenden Verhältnisse. Sie können in der Regel hinsichtlich ihrer Lösbarkeit auch von seiten des Vermieters keinen Einschränkungen unterworfen werden. Nur wenn sie sich ausschließlich auf Wohnraum beziehen, in dem der Mieter ein eigne, von der des Untervermieters getrennte Wirtschaft oder Haushaltung führt, sollen die Vorschriften über die Form der Kündigung und das Widerspruchsrecht des Mieters auch auf sie Anwendung finden (vgl. § 24 MSchG. in der Fassung des Gesetzes vom 29. Juni 1926, RGBl. I S. 317).

III. Unter den Fällen der vorzeitigen Kündigung ist neu der Kündigungsgrund des § 47. Eine entsprechende Bestimmung enthält Art. 269 Schweiz. OBlR.; nur ist nach dieser Vorschrift der kündigende Teil verpflichtet, dem anderen Teile in vollem Umfang Ersatz zu leisten. Die Ausübung des Kündigungsrechtes hiervon abhängig zu machen, halte ich jedoch nicht für angebracht. Liegen so schwerwiegende Gründe vor, wie sie in § 47 vorausgesetzt sind, so muß es dem betroffenen Vertragsteile auch ohne Ersatzleistung möglich sein, sich vom Vertrage zu lösen. Für Fälle, wie sie in der Entscheidung RGZ. Bd. 150 S. 193 flg. und den dort (S. 199) angeführten weiteren Entscheidungen behandelt sind, kommt eine Ersatzpflicht von vornherein nicht in Frage. Derartige Fälle sollen von § 47 vor allem getroffen werden. In der Denkschrift S. 25/26 sind besonders hervorgehoben der Fall, daß der Mieter durch Beruf oder Gesundheit gezwungen ist, an einen anderen Ort überzusiedeln, sowie der Fall, daß sich die wirtschaftliche Lage einer Mieterin durch den Tod des Mannes wesentlich verschlechtert. Auch derartige Tatbestände fallen unter § 47 in der vorgeschlagenen Fassung. — Bemerkt sei noch, daß § 47 nicht nur dann gilt, wenn der Mietvertrag auf bestimmte Zeit geschlossen ist, sondern auch dann, wenn eine längere als die gesetzliche Kündigungsfrist vereinbart ist.

§ 48 stimmt mit § 567 BGB. überein. Es mag allerdings im Hinblick auf den vorstehend erörterten § 47 zweifelhaft sein, ob eine solche Vorschrift noch notwendig ist.

§ 49 erweitert zunächst den Anwendungsbereich des § 570 BGB. durch Einbeziehung der Angehörigen des Reichsarbeitsdienstes sowie der hauptamtlich angestellten Unterführer der NSDAP. und ihrer Gliederungen. Die Anwendung des § 570 BGB. auf die Angehörigen des Reichsarbeitsdienstes ist bereits durch Art. 9 Abs. 1 c der Fünften VO. zur Durchführung und Ergänzung des Reichsarbeitsdienstgesetzes vom 23. März 1936 (RGBl. I S. 198) vorgeschrieben. Der Begriff „Unterführer der NSDAP. und ihrer Gliederungen" ist durch die VO. zur Ausführung des Gesetzes über die Vernehmung von Angehörigen der NSDAP. und ihrer Gliederungen vom 2. Dezember 1936 (RGBl. I S. 997) festgelegt. Ferner gewährt § 49 das Kündigungsrecht dem Mieter auch für den Fall einer Neuanstellung. Die Anwendbarkeit des § 570 BGB. wurde in einem solchen Falle bisher allgemein verneint (anders aber neuerdings OLG. Kalsruhe JW. 1935 S. 3400). Schließlich wird die Vorschrift des § 49 für zwingendes Recht erklärt, was sich ohne weiteres mit dem öffentlichen Interesse an der Ermöglichung der Kündigung rechtfertigt (ebenso bereits für das geltende Recht LG. Berlin Deutsches Recht 1937 S. 464).

Den Fall des Todes des Mieters regeln die Absätze 1 und 2 des § 50 im wesentlichen im Anschluß an § 569 BGB. und § 19 MSchG. Der Entwurf Groß § 569 Abs. I Satz 2 will hier wie auch in anderen Fällen der vorzeitigen Kündigung das Recht der Kündigung auch noch für den zweiten Termin geben, für den sie zulässig ist, weil das Kündigungsrecht, besonders wenn der Todesfall kurz vor dem letzten Kündigungstag liege, oft geradezu illusorisch sei. Ich halte eine solche Ausdehnung des Kündigungsrechtes nicht für erforderlich, denn bereits für das geltende Recht ist vom Reichsgerichte in der Entscheidung RGZ. Bd. 74 S. 35 (39) der Grundsatz aufgestellt worden, daß unter dem ersten Termin, für den die Kündigung zulässig ist, nur ein solcher verstanden werden könne, für den die Kündigung dem, der sie vornimmt, bei Beobachtung der im Verkehr erforderlichen Sorgfalt möglich ist. — § 19 MSchG. sah in seiner ursprünglichen Fassung einen Schutz des Ehegatten und der Familienangehörigen des Mieters auch für den Fall vor, daß sie nicht zu dessen Erben gehörten, sondern daß Erbe des Mieters ein Dritter war. Diese Vorschriften sind durch die NotVO. des Reichspräsidenten vom 1. Dezember 1930 7. Teil Kap. IV Art. IV Nr. 5 (RGBl. I S. 517, 599) aufgehoben worden. Ein Bedürfnis für ihre Neubelebung besteht m. E. nicht. Die Zahl der Fälle, in denen der Ehegatte oder hausangehörige nahe Verwandte nicht zugleich Erbe des Mieters ist, ist außerordentlich gering, und es wird dann meist so liegen, daß er mit gutem Grunde enterbt worden ist.

Abs. 3 des § 50 behandelt den Fall, daß Eheleute gemeinschaftlich gemietet hatten und der eine Ehegatte stirbt. Satz 1 soll die Entstehung eines unnatürlichen Rechtsverhältnisses dann ausschließen, wenn der überlebende Ehegatte nicht oder nicht allein Erbe des anderen Ehegatten geworden ist. Der natürlichen Auffassung entspricht es in einem solchen Falle, daß der Erbe oder Miterbe des verstorbenen Ehegatten nicht als Mitmieter des überlebenden Ehegatten in das Mietverhältnis eintritt, sondern daß das Mietverhältnis sich allein in der Person des überlebenden Ehegatten fortsetzt. Satz 2 gibt dem überlebenden Ehegatten, der den Mietvertrag mit abgeschlossen hatte, ein Kündigungsrecht. Hierfür spricht, daß der Tod des einen Ehegatten regelmäßig für den anderen Ehegatten, besonders wenn dies die Frau ist, einschneidende Änderungen mit sich bringt. Die Gewährung eines Kündigungsrechtes entspricht daher der Billigkeit. Für den Fall, daß es sich bei den Mitmietern nicht um Ehegatten handelt, wird es bei den in der Rechtsprechung (RGZ. Bd. 90 S. 328 flg.) schon bisher aufgestellten Grundsätzen bleiben können, die ein Eingehen auf die Besonderheiten des einzelnen Falles ermöglichen.

In diesem Zusammenhang mag noch die Frage erörtert werden, ob es sich empfiehlt, die Rechtsverhältnisse hinsichtlich der Ehewohnung für den Fall der Scheidung der Ehe einer gesetzlichen Regelung zu unterziehen. Die Behandlung dieses Falles hat in der Zeit der höchsten Wohnungsnot den Gerichten erhebliche Schwierigkeiten bereitet. Eine einheitliche Rechtsprechung hat sich nicht erzielen lassen; auch im Schrifttum gehen die Ansichten stark auseinander (vgl. die Nachweisungen in meinem Miet- und Wohnungsnotrecht, 3. Aufl., S. 9, 10 in N. 36—43). In der Rechtsprechung der Vorkriegszeit ist die Frage kaum jemals hervorgetreten, und in den letzten Jahren ist sie aus der Rechtsprechung fast völlig wieder verschwunden. Diese Tatsachen beweisen, daß die Frage nach dem Schicksal der Ehewohnung im Falle der Scheidung nur in den Zeiten höchster Wohnungsnot zu rechtlicher Bedeutung gelangt ist, während sie sich in Zeiten einer regelmäßigen oder annähernd regelmäßigen Raummarktlage von selbst regelt. Es wäre auch bei der Vielgestaltigkeit der Fälle und der gebotenen Rücksichtnahme auf die Belange des Vermieters kaum möglich, eine gesetzliche Regelung zu finden, die für alle erdenklichen Möglichkeiten eine befriedigende Lösung gibt. Unter diesen Umständen würde eine gesetzliche Regelung eher Schaden als Nutzen stiften. Es wird daher nach wie vor der Rechtsprechung überlassen bleiben müssen, für die wenigen aller Voraussicht nach zur Entscheidung gelangenden Fälle eine befriedigende Lösung unter Anwendung allgemeiner Rechtsgrundsätze zu finden.

IV. Die Fälle fristloser Kündigung sind in den §§ 51 bis 56 zusammenhängend behandelt. Diese Vorschriften können nach § 57 nicht zum Nachteil des Mieters abgeändert, erweitert oder eingeschränkt werden. Für das dem Vermieter zustehende Kündigungsrecht entspricht dies dem geltenden Recht (§ 52 e Abs. 1 Nr. 4 Satz 1 MSchG.). Ebenso war die Vorschrift des § 544 BGB. (§ 55 des Entwurfs) schon bisher als unabdingbar anzusehen.

§ 51 umfaßt die Fälle des § 553 BGB. und des § 2 MSchG. (Belästigung, vertragswidriger Gebrauch, Gefährdung des Mietraums). § 52 regelt die Kündigung wegen Zahlungsverzugs, und zwar abweichend von § 554 BGB. Diese Vorschrift stellt es darauf ab, ob der Mieter mit der Entrichtung des Mietzinses für zwei aufeinanderfolgende Termine ganz oder teilweise im Verzug ist. Sie ermöglicht es also dem Mieter (s. § 366 Abs. 1 BGB.), immer abwechselnd eine Mietzinsrate zu zahlen und die nächste unbezahlt zu lassen, ohne daß hierdurch das Kündigungsrecht ausgelöst würde (sog. Sprungsystem). Die auf einen bestimmten Betrag abgestellte Regelung des § 3 MSchG. ist daher vorzuziehen. Außerordentlich streng ist, wie die Denkschrift S. 27 mit Recht bemerkt, § 6 Abs. 2 DEMV.; danach genügt z. B. bei monatlicher Mietzinszahlung schon ein zehntägiger Rückstand mit einer halben Monatsmiete. § 52 Abs. 1 des Entwurfs schließt sich hinsichtlich der Höhe des das Kündigungsrecht auslösenden Betrags an § 3 MSchG. an (vgl. auch Entwurf Groß § 565 Nr. 2) — § 52 Abs. 2 Satz 1 stimmt mit § 554 Abs. 1 Satz 2 BGB. überein. Zur Abwendung der Kündigung ist die vollständige Befriedigung des Vermieters erforderlich. Ist jedoch im Falle von Teilzahlungen der noch verbleibende Mietzinsrückstand nur geringfügig, so ist der Vermieter zur Kündigung nicht berechtigt (Abs. 2 Satz 2; ebenso § 52 e Abs. 1

Nr. 4 Satz 2 MSchG.). — Zu § 52 Abs. 3 kann auf § 554 Abs. 2 BGB., § 52 e Abs. 1 Nr. 4 Satz 3 MSchG. und § 6 Abs. 2 Satz 3 DEMV. verwiesen werden.

Das BGB. sieht, anschließend an die Vorschriften über die Mängelhaftung, in den §§ 542 und 544 zwei Fälle vor, in denen der Mieter zur fristlosen Kündigung berechtigt ist. Der Entwurf enthält in § 56 einen weiteren Fall fristloser Kündigung des Mieters (Belästigung oder sonstige Störung der Hausgemeinschaft durch den Vermieter oder eine zu seinem Rechtskreise gehörige Person). Daraus ergibt sich eine andere Einordnung auch der bisher in den §§ 542 und 544 BGB. geregelten Kündigungsfälle (§§ 53 und 55 des Entwurfs). § 54 entspricht dem § 543 Abs. 1 BGB. und dem von Stoll, Lehre von den Leistungsstörungen S. 92 gemachten Abänderungsvorschlage.

§ 58 regelt in Abs. 1 abschließend und unabdingbar die Ersatzpflicht des Mieters im Falle einer fristlosen Kündigung des Vermieters, und zwar im wesentlichen im Anschluß an § 13 DEMV. Abs. 2 des § 58 spricht für den Fall einer fristlosen Kündigung sowohl des Vermieters wie des Mieters die Verpflichtung des Vermieters zur Zurückerstattung des für die Zeit nach dem Auszuge des Mieters im voraus entrichteten Mietzinses aus, soweit nicht der Mieter nach Abs. 1 haftet. Abs. 2 faßt also die Vorschriften der §§ 543 Abs. 2, 555 BGB. zusammen, läßt aber dabei die vom § 543 Abs. 2 gemachte Unterscheidung zwischen einem vom Vermieter zu vertretenden und einem von ihm nicht zu vertretenden Umstand fallen.

V. Die Vorschrift des § 59 über die stillschweigende Verlängerung des Mietverhältnisses weicht von § 568 BGB. nur insofern ab, als sie den Beginn der Zweiwochenfrist gleichmäßig für beide Vertragsteile auf den Ablauf der Mietzeit, also auf den Zeitpunkt der rechtlichen Beendigung des Mietverhältnisses festsetzt.

VI. Die §§ 60 bis 62 stimmen sachlich mit den §§ 556 bis 558 BGB. überein.

5. Abschnitt

VERÄUSSERUNG DES MIETGRUNDSTÜCKS

An die Stelle der §§ 571 bis 579 BGB. treten die §§ 63 bis 72 des Entwurfs. Es ist selbstverständlich, daß an dem Grundsatz „Kauf bricht nicht Miete“ festzuhalten ist. Vorgeschlagen werden nur folgende Änderungen:

a) Nach § 571 BGB. ist Voraussetzung für die Anwendung des genannten Grundsatzes, daß das Grundstück (der Mietraum) dem Mieter vor der Veräußerung überlassen worden war. Dies wird damit gerechtfertigt, daß die Überlassung gegenüber Dritten (vor allem gegenüber dem Erwerber) den untrüglichen augenscheinlichen Beweis liefere, daß der Mietvertrag schon vor der Veräußerung des Grundstücks bestanden habe (Staudinger. 9. Aufl., Bd. II, 2 S. 559). Nach § 1 Abs. 1 Satz 2 MSchG. ist dagegen der Mieter dem Erwerber gegenüber schon vom Abschluß des Mietvertrages an geschützt. Wenn dem Mieter, wie dies in § 4 des Entwurfs geschieht, schon vom Abschlusse des Mietvertrags an ein unmittelbar gegen den besitzenden Dritten wirkendes Recht auf Herausgabe des Mietraums zugestanden wird, so wird grundsätzlich auch der Schutz gegenüber dem Erwerber des Mietgrundstücks schon vom Abschlusse des Mietvertrags an einzutreten haben. Jedoch erscheint dies nur für den Fall angängig, daß der Mietvertrag schriftlich abgeschlossen ist. Ist dies nicht der Fall, so fehlt es an einem sicheren Merkmal für den zeitlichen Vorrang des Mietvertrags.

b) Die §§ 65 und 66 übernehmen die Änderungen, die die §§ 573, 574 BGB. durch die 4. NotVO. des Reichspräsidenten vom 8. Dezember 1931 3. Teil § 12 (RGBl. I S. 699, 711), die RechtspflNotVO. vom 14. Juni 1932 2. Teil Art. 1 Nr. II, 7 (RGBl. I S. 285, 293) und die VO. über Maßnahmen auf dem Gebiete der Zwangsvollstreckung vom 26. Mai 1933 § 12 (RGBl. I S. 302, 305) erfahren haben, als Dauerregelung.

c) § 72 erklärt die Vorschriften der §§ 63 bis 71 in der Weise für unabdingbar, daß ihre Anwendung nicht im voraus ausgeschlossen werden kann. Für das bisherige Recht wird allgemein angenommen, daß die Anwendung des Grundsatzes „Kauf bricht nicht Miete“ durch Vereinbarungen zwischen Vermieter und

Mieter ausgeschlossen werden kann. Von der Unabdingbarkeit müssen aber die in § 1 Abs. 2 und in § 46 Abs. 2 Satz 2 bezeichneten Mietverhältnisse ausgenommen werden. Bei Mietverhältnissen der letzteren Art wird es sogar oft so liegen, daß die Anwendung des Grundsatzes „Kauf bricht nicht Miete“ als stillschweigend ausgeschlossen anzusehen ist (RG. BayrZ. 1926 S. 190).

Für das geltende Recht ist noch die Frage streitig, ob die §§ 573, 574 BGB. auch für solche Vorauserhebungen und Vorauszahlungen von Mietzins gelten, die im Mietvertrage vereinbart sind. Das Reichsgericht verneint dies (RGZ. Bd. 94 S. 281, Bd. 127 S. 117, Bd. 136 S. 413, Bd. 144 S. 196/197, JW. 1933 S. 1658 Nr. 12). Diese Rechtsprechung hat im Schrifttum überwiegend Zustimmung, vielfach aber auch Ablehnung gefunden. Es wird allerdings der Erörterung bedürfen, ob sich eine ausdrückliche gesetzliche Regelung dieser Frage in dem einen oder anderen Sinne empfiehlt. Eine solche Regelung müßte dann aber im Zusammenhang mit § 1124 BGB., den §§ 57, 57 b, 148, 152 Abs. 2 ZVG., § 21 KO. einheitlich erfolgen. Ich habe deshalb vorerst davon abgesehen, insoweit einen Abänderungsvorschlag zu machen.

Gestreift werden mag in diesem Zusammenhange noch die Frage, ob die Pfändung der Mietzinsforderung Beschränkungen zu unterwerfen ist. Das Kammergericht hatte früher angenommen, daß die in der gesetzlichen Miete für Instandsetzungsarbeiten und Betriebskosten sowie für die Aufwertungssteuer enthaltenen Beträge mit Rücksicht auf ihre Zweckgebundenheit unpfändbar seien. Diese Rechtsprechung hat es später aufgegeben (JW. 1928 S. 2562 Nr. 2; vgl. auch Gaupp-Stein-Jonas ZPO. § 851 Bem. II Abs. 2). § 19 der VO. über Maßnahmen auf dem Gebiete der Zwangsvollstreckung vom 26. Mai 1933 (RGBl. I S. 302, 307) in der Fassung des Gesetzes vom 24. Oktober 1934 (RGBl. I S. 1070) sieht als Notmaßnahme „bis auf weiteres“ gewisse Beschränkungen der Pfändung von Miet- und Pachtzinsen vor. Es wird zu erwägen sein, ob diese Beschränkungen nicht als Dauervorschriften in das künftige Vollstreckungsrecht zu übernehmen sind.

6. Abschnitt

EINTRAGUNG DES MIETRECHTS IM GRUNDBUCHE

Eine Eintragung des Mietrechts im Grundbuche ist im BGB. — anders als in früheren Landesrechten (z. B. Preuß. ALR. § 4 I 21 und § 12 des Preuß. Gesetzes über den Eigentumserwerb usw. vom 5. Mai 1872; § 1224 Sächs. BGB.) — nicht vorgesehen. § 1095 öst. a. BGB. und Art. 260 Schweiz. OBlR. lassen die Eintragung oder Vormerkung des Mietverhältnisses im Grundbuche zu und machen hiervon die Wirkung des Mietvertrags gegenüber dem Grundstückserwerber abhängig.

Einen gewissen Ersatz für ein grundbücherlich gesichertes Mietrecht bildet, trotz seiner völlig anders gearteten rechtlichen Ausgestaltung und Wirkung, das dingliche Wohnungsrecht des § 1093 BGB. Es ist nicht selten der Versuch gemacht worden, einem Mietvertrage dadurch dingliche Kraft zu verschaffen, daß beantragt wurde, das Rechtsverhältnis als dingliches Wohnungsrecht ins Grundbuch einzutragen. Besonders in der Zeit der Geldentwertung ist dieses Bestreben bei Hausverkäufen hervorgetreten, wenn es den Beteiligten darum zu tun war, dem Verkäufer ein Wohnrecht in dem bisher ihm gehörigen Hause für einen bestimmten Zins auf Lebenszeit zu sichern (vgl. OLG. Hamburg HansGZ. 1927 B S. 9). Die Rechtsprechung hat die Eintragung des dinglichen Wohnungsrechts für unzulässig erklärt, wenn von den Beteiligten in Wirklichkeit nur die dingliche Sicherung eines Mietverhältnisses beabsichtigt war (RGZ. Bd. 54 S. 233; KG. KGJ. Bd. 24 A S. 121, Bd. 53 S. 160), sie aber zugelassen, wenn der Wille der Beteiligten ernstlich auf die Begründung eines dinglichen, das Grundstück selbst ergreifenden Rechtes gerichtet war und der Vertrag nicht im einzelnen Falle Bestimmungen enthielt, die mit einem dinglichen Benutzungsrecht schlechthin unvereinbar waren (RG. JW. 1927 S. 1406 Nr. 1, S. 1922 Nr. 1; HRR. 1929 Nr. 602, 907; SeuffArch. Bd. 86 S. 214; OLG. Dresden SächsThürArch. 1925 S. 106; KG. JW. 1923 S. 760 Nr. 2, S. 2569 Nr. 13).

Eine größere Bedeutung hat das dingliche Wohnungsrecht in städtischen Verhältnissen bisher nicht erlangt. Immerhin zeigen die zur Entscheidung der Gerichte gelangten Fälle, daß mitunter ein berechtigtes Bedürfnis nach dinglicher Sicherung des Mietrechts besteht. Die Eintragung eines dinglichen Wohnungsrechts im Sinne des § 1093 BGB. ist in solchen Fällen nur ein Umweg und ein — noch dazu unvollkommener — Notbehelf. So endet das dingliche Wohnungsrecht in jedem Falle mit dem Tode des Berechtigten. Auch ist es nicht möglich, dem Eigentümer des dienenden Grundstücks eine Instandhaltungspflicht aufzuerlegen (§ 1093 Abs. 1 Satz 2 in Verb. mit § 1041 BGB.; KG. KGJ. Bd. 24 A S. 121; OLG. Hamburg HansGZ. 1927 B S. 9). Betrifft das Rechtsverhältnis ausschließlich gewerbliche Räume, so ist § 1093 BGB. überhaupt nicht, sondern nur § 1090 anwendbar.

Gegen die Ermöglichung einer Eintragung des Mietrechts im Grundbuche kann vor allem das — allerdings erheblich ins Gewicht fallende — Bedenken geltend gemacht werden, daß hierdurch eine Überlastung der Grundbücher eintrete. Ich halte dieses Bedenken jedoch nicht für begründet. Es ist schwerlich zu befürchten, daß von der Möglichkeit, das Mietrecht ins Grundbuch eintragen zu lassen, in allzu großem Umfang Gebrauch gemacht wird. Die Eintragung wird sich vielmehr auf die Fälle beschränken, in denen ein besonderes Bedürfnis gerade nach dinglicher Sicherung besteht. Auch die mit der Eintragung verbundenen Kosten werden einer übermäßigen Inanspruchnahme dieser Möglichkeit einen Riegel vorschieben. Im übrigen kann auf die in Österreich gemachten Erfahrungen verwiesen werden, wo die grundbücherliche Eintragung des Mietrechts eine althergebrachte Rechtseinrichtung ist. Nach K l a n g Jur. Blätter 1931 S. 217 ist dort von dieser Rechtseinrichtung verhältnismäßig selten Gebrauch gemacht worden.

Von diesen Erwägungen ausgehend schlägt § 73 des Entwurfs vor, die Eintragung des Mietrechts im Grundbuche zu ermöglichen. Einen Anhalt bot § 1121 öst. a. BGB., der lautet: „Bei einer zwangsweisen gerichtlichen Veräußerung ist das Bestandrecht, wenn es in die öffentlichen Bücher eingetragen ist, gleich einer Dienstbarkeit zu behandeln. Hat der Ersteher das Bestandrecht nicht zu übernehmen, so muß ihm der Bestandnehmer nach gehöriger Aufkündigung weichen“.

Nach § 73 des Entwurfs versagt, ebenso wie nach § 1121 öst. a. BGB., die Sicherung des Mieters gegen eine Kündigung des Erstehers allerdings dann, wenn die Zwangsversteigerung wegen eines dem Rechte des Mieters im Range vorgehenden oder gleichstehenden Anspruchs betrieben wird (§§ 44, 52 ZVG.). Dem Mieter bleibt in einem solchen Falle nur die Möglichkeit, den die Zwangsversteigerung betreibenden Gläubiger nach § 268 BGB. abzulösen. Eine dem § 10 Abs. 1 Satz 1 der Erbbaurechts-VO. vom 15. Januar 1919 und dem § 5 Abs. 1 Satz 1 des Reichsheimstättengesetzes vom 10. Mai 1920/25. November 1937 entsprechende Vorschrift zu treffen, empfiehlt sich m. E. nicht, da hierdurch das Anwendungsgebiet des vorgeschlagenen § 73 allzusehr eingeengt würde. Es wird den Beteiligten überlassen bleiben müssen, dem Mietrecht einen möglichst günstigen Rang zu verschaffen. Ebensowenig empfiehlt sich mit Rücksicht auf die Beleihbarkeit des Grundstücks eine dem § 25 der Erbbaurechts-VO. entsprechende Vorschrift.

ENTWURF

EINES GESETZES ÜBER DIE MIETE VON WOHN- UND BERUFSRÄUMEN UND VON GRUNDSTÜCKEN

§ 1.

Für Mietverträge über Räume, die dazu bestimmt sind, dem Mieter dauernd als Wohnung oder Berufsstätte zu dienen, einschließlich der zusammen mit solchen Räumen vermieteten Gebäude- oder Grundstücksteile gelten die nachfolgenden Vorschriften.

Auf sonstige Mietverträge über Grundstücke, Grundstücks- oder Gebäudeteile finden diese Vorschriften sinngemäß Anwendung, soweit nichts Abweichendes bestimmt ist.

§ 2 (bisher § 535).

Durch den Mietvertrag wird der Vermieter verpflichtet, dem Mieter den Gebrauch des Mietraums zu verschaffen und während der Mietzeit zu erhalten.

Der Mieter ist verpflichtet, dem Vermieter den vereinbarten Mietzins zu entrichten.

§ 3 (neu).

Vertragsverhältnisse, bei denen die entgeltliche Überlassung von Räumen für die in § 1 Abs. 1 bezeichneten Zwecke die Hauptsache bildet, sind auch dann Mietverträge im Sinne dieses Gesetzes, wenn gleichzeitig mit der Raumüberlassung oder im Zusammenhang mit ihr von dem über die Räume Verfügungsberechtigten oder von einem Dritten ein der Berufsausübung dienender Betrieb oder bewegliche Sachen käuflich oder zur Nutzung überlassen werden.

§ 4 (neu).

Ist ein Dritter im Besitze des Mietraums, so kann der Mieter von ihm für den Zeitpunkt des Beginns des Mietverhältnisses die Herausgabe verlangen. Der Anspruch besteht nicht gegenüber einem Dritten, der dem Vermieter gegenüber zum Besitze berechtigt ist, es sei denn, daß der Dritte beim Abschlusse der sein Recht zum Besitze begründenden Vereinbarung von dem Rechte des Mieters Kenntnis hatte.

§ 5 (bisher § 566).

Ein Mietvertrag, der für längere Zeit als ein Jahr geschlossen wird, bedarf der schriftlichen Form. Wird die Form nicht beobachtet, so gilt der Vertrag als für unbestimmte Zeit geschlossen; die Kündigung ist jedoch nicht für eine frühere Zeit als für den Schluß des ersten Jahres zulässig.

§ 6 (neu).

Der Vermieter und der Mieter sind verpflichtet, sowohl untereinander wie mit den übrigen Hausgenossen im Sinne einer vertrauensvollen Hausgemeinschaft zusammenzuleben, die gebührende Rücksicht aufeinander und auf die Nachbarn zu üben und alles zu unterlassen, was das Zusammenleben stört.

§ 7 (bisher § 536).

Der Vermieter hat den Mietraum dem Mieter in einem zu dem vertragsmäßigen Gebrauch geeigneten Zustande zu überlassen. Er hat ihn auch während der Mietzeit in diesem Zustande zu erhalten. Der Mieter ist jedoch nicht berechtigt, vom Vermieter die Vornahme solcher Ausbesserungen zu verlangen, die lediglich zur Erhaltung des gefälligen Aussehens des Mietraums während der Mietzeit erforderlich werden. Die Vornahme kleinerer Ausbesserungen, die innerhalb des Mietraums durch den gewöhnlichen Gebrauch erforderlich werden, liegt dem Mieter ob.

§ 8 (bisher § 537).

Ist der Mietraum zur Zeit der Überlassung an den Mieter mit einem Fehler behaftet, der seine Tauglichkeit zu dem vertragsmäßigen Gebrauch aufhebt oder mindert, oder entsteht im

Laufe der Miete ein solcher Fehler, so ist der Mieter für die Zeit, während deren die Tauglichkeit aufgehoben ist, von der Entrichtung des Mietzinses befreit, für die Zeit, während deren die Tauglichkeit gemindert ist, nur zur Entrichtung des Teiles des Mietzinses verpflichtet, der der Minderung der Tauglichkeit entspricht.

Das gleiche gilt, wenn eine zugesicherte Eigenschaft fehlt oder später wegfällt. Die Zusicherung einer bestimmten Größe des Mietraums steht der Zusicherung einer Eigenschaft gleich.

§ 9 (bisher § 538).

Ist bei dem Abschlusse des Vertrags ein Mangel der in § 8 bezeichneten Art vorhanden, der dem Vermieter bekannt oder infolge Fahrlässigkeit unbekannt ist, oder entsteht ein solcher Mangel später infolge eines Umstands, den der Vermieter zu vertreten hat, oder kommt der Vermieter mit der Beseitigung eines Mangels in Verzug, so kann der Mieter, statt die in § 8 bestimmten Rechte geltend zu machen, Schadensersatz wegen Nichterfüllung verlangen.

Im Falle des Verzugs des Vermieters kann der Mieter den Mangel selbst beseitigen und Ersatz der erforderlichen Aufwendungen verlangen.

Der Vermieter haftet unter den Voraussetzungen des Abs. 1 auch den Familienangehörigen des Mieters, anderen in seinen Hausstand aufgenommenen Personen, seinen Berufsgehilfen sowie den Personen, die sich mit Einverständnis des Mieters vorübergehend in dem Mietraum aufhalten, für den Schaden, der ihnen infolge eines Mangels der in § 8 bezeichneten Art entsteht.

§ 10 (bisher § 539).

Kennt der Mieter bei dem Abschlusse des Vertrags den Mangel des Mietraums, so stehen ihm die in den §§ 8, 9 bestimmten Rechte nicht zu. Nimmt er den mangelhaften Mietraum an, obwohl er den Mangel kennt, so muß er sich seine Rechte vorbehalten, es sei denn, daß der Vermieter den Mangel arglistig verschwiegen hat.

§ 11 (bisher § 540).

Nichtig ist eine Vereinbarung, durch die die Verpflichtung des Vermieters zur Vertretung von Mängeln des Mietraums erlassen oder beschränkt oder durch die das Recht des Mieters zur Aufrechnung mit Forderungen nach § 9 Abs. 1 oder 2 ausgeschlossen wird. Der Mieter kann gegenüber der Mietzinsforderung mit Forderungen nach § 9 Abs. 1 oder 2 oder mit anderen Forderungen nur aufrechnen oder ein Minderungs- oder Zurückbehaltungsrecht ausüben, wenn er dies mindestens einen Monat vor der Fälligkeit des Mietzinses dem Vermieter schriftlich angekündigt hat. Diese Einschränkung gilt nicht, wenn der Vermieter den Mangel arglistig verschwiegen hat.

Die Vorschriften des Abs. 1 gelten nicht für die in § 1 Abs. 2 bezeichneten Mietverhältnisse. Eine Vereinbarung, durch die die Verpflichtung des Vermieters zur Vertretung von Mängeln erlassen oder beschränkt wird, ist jedoch nichtig, wenn der Vermieter den Mangel arglistig verschweigt.

§ 12 (bisher § 541).

Wird durch das Recht eines Dritten dem Mieter der vertragsmäßige Gebrauch des Mietraums ganz oder zum Teil entzogen, so wird die Verpflichtung des Mieters zur Entrichtung des Mietzinses während dieser Zeit aufgehoben oder entsprechend gemindert. Der Mieter kann Ersatz des ihm durch die Entziehung der Mietsache entstandenen Schadens verlangen.

Die Vorschriften der §§ 10, 11 finden entsprechende Anwendung.

§ 13 (neu).

Wird dem Mieter der Besitz des Mietraums von einem Dritten entzogen, so kann er von ihm die Herausgabe verlangen.

Wird der Mieter im Gebrauch des Mietraums von einem Dritten gestört, so kann er von ihm die Beseitigung der Störung verlangen. Sind weitere Störungen zu besorgen, so kann er auf Unterlassung klagen.

Erhebt der Mieter gegen den Dritten Klage, so ist er verpflichtet, dem Vermieter gerichtlich den Streit zu verkünden, sofern nicht eine Zustellung im Ausland oder eine öffentliche Zustellung erforderlich wird. Unterläßt der Mieter dieser Verpflichtung zuwider die Streitverkündung, so ist er zum Ersatze des daraus entstehenden Schadens verpflichtet.

Die Vorschriften über den Besitzschutz bleiben unberührt.

§ 14 (bisher § 545).

Zeigt sich im Laufe der Miete ein Mangel des Mietraums, oder wird eine Vorkehrung zum Schutze des Mietraums gegen eine nicht vorhergesehene Gefahr erforderlich, so hat der Mieter dem Vermieter unverzüglich Anzeige zu machen. Das gleiche gilt, wenn sich ein Ditter ein Recht an dem Mietraum anmaßt.

Unterläßt der Mieter die Anzeige, so ist er zum Ersatze des daraus entstehenden Schadens verpflichtet; er ist, soweit der Vermieter infolge der Unterlassung der Anzeige Abhilfe zu schaffen außer stande war, nicht berechtigt, die in § 8 bestimmten Rechte geltend zu machen oder nach § 53 Abs. 1 Satz 3 ohne Bestimmung einer Frist zu kündigen oder Schadensersatz wegen Nichterfüllung zu verlangen.

§ 15 (neu).

Ist zu besorgen, daß ein im Mietraum auftretender Mangel auf einen anderen Raum desselben Grundstücks übergreift, so hat der Mieter auch dem Inhaber dieses Raumes unverzüglich Anzeige zu machen. Unterläßt der Mieter die Anzeige, so ist er zum Ersatze des daraus entstehenden Schadens verpflichtet.

Bei Gefahr im Verzuge sind der Mieter und die Inhaber anderer gefährdeter Räume gegenseitig verpflichtet, bei der Abstellung von Mängeln in geeigneter Weise mitzuwirken.

§ 16 (bisher § 546).

Die auf dem Mietraum ruhenden Lasten hat der Vermieter zu tragen.

§ 17 (bisher § 547 Abs. 1 Satz 1 und Abs. 2 Satz 1).

Der Vermieter ist verpflichtet, dem Mieter die auf den Mietraum gemachten notwendigen Verwendungen zu ersetzen. Die Verpflichtung des Vermieters zum Ersatze sonstiger Verwendungen bestimmt sich nach den Vorschriften über die Geschäftsführung ohne Auftrag.

Nichtig ist eine Vereinbarung, durch die die Verpflichtung des Vermieters zum Ersatze notwendiger Verwendungen im voraus allgemein ausgeschlossen wird. Diese Vorschrift gilt nicht für die in § 1 Abs. 2 bezeichneten Mietverhältnisse.

§ 18 (bisher § 547 Abs. 2 Satz 2).

Der Mieter ist berechtigt, eine Einrichtung, mit der er den Mietraum versehen hat, wegzunehmen. Der Vermieter kann verlangen, daß der Mieter die Einrichtung zurückläßt, wenn er dem Mieter so viel zahlt, als zur Herstellung einer neuen Einrichtung erforderlich wäre, abzüglich eines angemessenen Betrags für die inzwischen erfolgte Abnutzung. Dieses Recht steht dem Vermieter nicht zu, wenn der Mieter ein berechtigtes Interesse daran hat, die Einrichtung mitzunehmen.

Hatte der Mieter dem Vermieter von der Anbringung der Einrichtung Kenntnis gegeben und hat dieser der Anbringung nicht widersprochen, bevor sie erfolgt ist, so kann der Mieter verlangen, daß der Vermieter die Einrichtung gegen Zahlung des in Abs. 1 Satz 2 bestimmten Wertes übernimmt, falls die Übernahme dem Vermieter nach Treu und Glauben zuzumuten ist.

Nichtig ist eine im voraus allgemein getroffene Vereinbarung, daß der Mieter eine Einrichtung, mit der er den Mietraum versehen hat, entschädigungslos zurückzulassen hat. Diese Vorschrift gilt nicht für die in § 1 Abs. 2 bezeichneten Mietverhältnisse.

§ 19 (neu).

Der Mieter darf den Mietraum nur zu dem vertraglich bestimmten Zwecke benutzen. Will er ihn zu einem anderen Zwecke benutzen, so bedarf er der Zustimmung des Vermieters. Die Zustimmung ist nicht erforderlich, wenn die vom Mieter beabsichtigte Änderung des Gebrauchs die Rechte des Vermieters oder der anderen Hausgenossen nicht oder nur unwesentlich beeinträchtigt.

§ 20 (neu).

Der Mieter haftet dem Vermieter für den Schaden, der durch ihn, einen Familienangehörigen, eine andere in seinen Hausstand aufgenommene Person, einen Berufsgehilfen oder durch eine Person, die sich mit seinem Einverständnis vorübergehend in dem Mietraum aufhält, an dem Grundstück schuldhaft verursacht wird. Dem Mieter liegt der Nachweis dafür ob, daß der Schaden nicht auf ein schuldhaftes Verhalten zurückzuführen ist.

Der Mieter haftet in derselben Weise den anderen Hausgenossen für den Schaden, der ihnen an ihrer im Mietgrundstück befindlichen beweglichen Habe und, soweit ihnen die Instandhaltung obliegt, an den von ihnen benutzten Räumen verursacht wird.

Nichtig ist eine Vereinbarung, durch die dem Mieter eine weitergehende Haftung auferlegt wird. Diese Vorschrift gilt nicht für die in § 1 Abs. 2 bezeichneten Mietverhältnisse.

§ 21 (bisher § 548).

Veränderungen oder Verschlechterungen des Mietraums, die durch den vertragsmäßigen Gebrauch herbeigeführt werden, hat der Mieter nicht zu vertreten.

§ 22 (bisher § 550).

Macht der Mieter oder mit seinem Wissen eine der in § 20 Abs. 1 genannten Personen von dem Mietraum einen vertragswidrigen Gebrauch und wird dieser Gebrauch ungeachtet einer Abmahnung des Vermieters fortgesetzt, so kann der Vermieter gegen den Mieter auf Unterlassung klagen.

§ 23 (bisher § 549).

Der Mieter ist berechtigt, den Gebrauch des Mietraums zum Teil einem Dritten zu überlassen, insbesondere den Mietraum teilweise weiterzuvermieten, es sei denn, daß hierdurch wegen der Person des Dritten oder aus anderen Gründen die berechtigten Belange des Vermieters oder der anderen Hausgenossen verletzt werden.

Den Gebrauch des Mietraums im ganzen darf der Mieter einem Dritten nur mit Erlaubnis des Vermieters überlassen. Verweigert der Vermieter die Erlaubnis, so kann der Mieter das Mietverhältnis unter Einhaltung der gesetzlichen Frist kündigen, sofern nicht ein Grund vorliegt, der den Vermieter nach Abs. 1 zur Untersagung der Weiterüberlassung berechtigt.

Überläßt der Mieter den Gebrauch des Mietraums einem Dritten, so hat er ein dem Dritten bei dem Gebrauche zur Last fallendes Verschulden nach Maßgabe des § 20 zu vertreten, auch wenn der Vermieter die Erlaubnis zur Überlassung erteilt hat.

Der Mieter kann auf die ihm nach Abs. 1 zustehende Befugnis nicht im voraus allgemein verzichten. Diese Vorschrift gilt nicht für die in § 1 Abs. 2 bezeichneten Mietverhältnisse.

§ 24 (neu).

Ist der Mietraum ganz oder zum Teil dazu bestimmt, dem Mieter als Berufsstätte zu dienen, und veräußert der Mieter das von ihm betriebene Unternehmen, so kann er mit Zustimmung des Vermieters die Rechte und Verpflichtungen aus dem Mietverhältnis auf den Erwerber übertragen. Der Vermieter ist verpflichtet, die Zustimmung zu erteilen, falls der Erwerber dieselbe Sicherheit für die Erfüllung der Verpflichtungen aus dem Mietverhältnis bietet wie der Mieter, und falls nicht durch die Übertragung wegen der Person des Erwerbers oder aus anderen Gründen die berechtigten Belange des Vermieters oder der anderen Hausgenossen verletzt werden.

Die Vorschriften des Abs. 1 gelten entsprechend für eine Änderung der Rechtsform des vom Mieter betriebenen Unternehmens.

Die Vorschriften des Abs. 1 gelten nicht für die in § 1 Abs. 2 bezeichneten Mietverhältnisse.

§ 25 (bisher § 551).

Der Mietzins ist, sofern nichts anderes vereinbart ist, monatlich im voraus spätestens am dritten Werktage des Monats zu entrichten.

§ 26 (bisher § 552).

Der Mieter wird von der Entrichtung des Mietzinses nicht dadurch befreit, daß er durch einen in seiner Person liegenden Grund an der Ausübung des ihm zustehenden Gebrauchsrechts verhindert wird. Der Vermieter muß sich jedoch den Wert der ersparten Aufwendungen sowie diejenigen Vorteile anrechnen lassen, die er aus einer anderweitigen Verwertung des Gebrauchs erlangt oder in einer Treu und Glauben widersprechenden Weise zu erlangen unterläßt.

Solange der Vermieter den Mietraum selbst gebraucht oder den Gebrauch einem Dritten unentgeltlich überläßt, ist der Mieter zur Entrichtung des Mietzinses nicht verpflichtet.

§ 27 (bisher MSchG. § 49a).

Ist der vereinbarte Mietzins unter Berücksichtigung der gesamten Verhältnisse unangemessen hoch, so ist er auf Antrag des

Mieters durch Urteil auf den angemessenen Betrag herabzusetzen. Ändern sich nach Abschluß des Vertrags die Verhältnisse, die der Bemessung des Mietzinses zu Grunde gelegen haben, derart, daß dem Vermieter oder dem Mieter die Fortsetzung des Mietverhältnisses zu dem bisherigen Mietzins nicht zugemutet werden kann, so ist der Mietzins auf Antrag des Vermieters oder des Mieters durch Urteil auf den angemessenen Betrag zu erhöhen oder herabzusetzen. Für die Zeit vor der Stellung des Antrags kann eine Änderung des vereinbarten Mietzinses nicht verlangt werden.

Wird der Mietzins gemäß Abs. 1 Satz 2 erhöht, so kann der Mieter das Mietverhältnis unter Einhaltung der gesetzlichen Frist kündigen. Die Kündigung kann nur für den ersten Termin erfolgen, für den sie nach Eintritt der Rechtskraft des die Erhöhung aussprechenden Urteils zulässig ist.

Das Gericht kann, wenn ein Antrag nach Abs. 1 gestellt ist, durch einstweilige Verfügung eine vorläufige Regelung treffen.

Die vorstehenden Vorschriften gelten nicht für die in § 1 Abs. 2 bezeichneten Mietverhältnisse.

§ 28 (bisher § 559).

Der Vermieter hat für seine Forderungen aus dem Mietverhältnis ein Pfandrecht an den eingebrachten Sachen des Mieters und seiner mit ihm im gemeinschaftlichen Haushalt lebenden Familienangehörigen. Für künftige Entschädigungsforderungen und für den Mietzins für eine spätere Zeit als das laufende und das folgende Mietjahr kann das Pfandrecht nicht geltend gemacht werden. Es erstreckt sich nicht auf die Sachen, die nach § 811 der Zivilprozeßordnung unpfändbar sind oder die nach § 812 der Zivilprozeßordnung nicht gepfändet werden sollen.

Eine Geltendmachung des Pfandrechts liegt auch dann vor, wenn der Vermieter die seinem Pfandrecht unterliegenden Sachen auf Grund eines vollstreckbaren Titels pfänden läßt, den er wegen seiner Forderungen aus dem Mietverhältnis gegen den Mieter erwirkt hat.

§ 29 (neu).

Hat der Mieter den Gebrauch des Mietraums einem Dritten überlassen, so hat der Vermieter wegen seiner Forderungen aus dem Mietverhältnis ein Pfandrecht an der Forderung, die dem

Mieter gegen den Dritten für die Überlassung des Mietraums und für Nebenleistungen zusteht. Das Pfandrecht kann nur geltend gemacht werden wegen des Mietzinses für das laufende und das folgende Kalendervierteljahr sowie wegen der Rückstände aus den letzten drei Monaten vor der Geltendmachung.

Wird die Forderung gegen den Dritten vom Mieter eingezogen, bevor sie zu Gunsten des Vermieters in Beschlag genommen worden ist, oder wird vor der Beschlagnahme in anderer Weise über sie verfügt, so ist die Verfügung dem Vermieter gegenüber wirksam. Die Vorschriften des § 65 finden mit der Maßgabe entsprechende Anwendung, daß an die Stelle des Eigentumsübergangs die Beschlagnahme zu Gunsten des Vermieters tritt.

§ 30 (neu).

Der Vermieter kann gegen den Mieter auf Duldung der Zwangsvollstreckung in die dem Pfandrecht unterliegenden Sachen und Forderungen klagen. Der Bezeichnung der einzelnen Sachen und Forderungen bedarf es nicht. Auf Grund des Urteils kann der Vermieter die Zwangsvollstreckung nach den Vorschriften der Zivilprozeßordnung auch in die den Familienangehörigen des Mieters gehörigen Sachen betreiben.

Im Falle des § 29 kann der Vermieter, wenn er die Beschlagnahme der Forderung des Mieters gegen den Dritten erwirkt hat, auch gegen den Dritten auf Duldung der Zwangsvollstreckung in die dem Pfandrecht des Mieters unterliegenden Sachen klagen.

§ 31 (bisher § 560).

Das Pfandrecht des Vermieters erlischt mit der Entfernung der Sachen von dem Grundstück, es sei denn, daß die Entfernung ohne Wissen oder unter Widerspruch des Vermieters erfolgt. War zur Zeit der Entfernung vom Vermieter Klage nach § 30 erhoben, so ist zur Erhaltung des Pfandrechts ein Widerspruch des Vermieters nicht erforderlich.

Der Vermieter kann der Entfernung nicht widersprechen, wenn sie im regelmäßigen Betriebe des Geschäfts des Mieters oder den gewöhnlichen Lebensverhältnissen entsprechend erfolgt, oder wenn die zurückbleibenden Sachen zur Sicherung des Vermieters offenbar ausreichen.

§ 32 (bisher § 561).

Der Vermieter darf die Entfernung der seinem Pfandrecht unterliegenden Sachen, soweit er ihr zu widersprechen berechtigt ist, auch ohne Anrufen des Gerichts verhindern und, wenn der Mieter auszieht, die Sachen in seinen Besitz nehmen. Dieselben Rechte stehen ihm im Falle des § 29 hinsichtlich der dem Pfandrecht des Mieters unterliegenden Sachen des Dritten zu, wenn dieser auszieht, nachdem die Forderung des Mieters gegen ihn zu Gunsten des Vermieters in Beschlag genommen worden ist.

Sind die Sachen ohne Wissen oder unter Widerspruch des Vermieters entfernt worden, so kann er die Herausgabe zum Zwecke der Zurückschaffung in das Grundstück und, wenn der Mieter ausgezogen ist, die Überlassung des Besitzes verlangen oder gemäß § 30 auf Duldung der Zwangsvollstreckung klagen. Das gleiche gilt im Falle des § 29, wenn der Dritte die dem Pfandrecht des Mieters unterliegenden Sachen entfernt hat oder wenn er ausgezogen ist, nachdem die Forderung des Mieters gegen ihn zu Gunsten des Vermieters in Beschlag genommen worden war. Das Pfandrecht erlischt mit dem Ablauf eines Monats, nachdem der Vermieter von der Entfernung der Sachen Kenntnis erlangt hat, wenn nicht der Vermieter einen der in Satz 1 bezeichneten Ansprüche vorher gerichtlich geltend gemacht hat.

§ 33 (bisher § 562).

Der Mieter und im Falle des § 29 der Dritte kann die Geltendmachung des Pfandrechts des Vermieters durch Sicherheitsleistung abwenden; er kann jede einzelne Sache von dem Pfandrecht dadurch befreien, daß er in Höhe ihres Wertes Sicherheit leistet.

§ 34 (bisher § 563).

Wird eine dem Pfandrechte des Vermieters unterliegende Sache oder Forderung für einen anderen Gläubiger gepfändet, so kann diesem gegenüber das Pfandrecht nicht wegen des Mietzinses für eine frühere Zeit als das letzte Jahr vor der Pfändung geltend gemacht werden.

§ 35 (bisher § 564).

Das Mietverhältnis endigt mit dem Ablaufe der Zeit, für die es eingegangen ist.

Ist die Mietzeit nicht bestimmt, so kann jeder Teil das Mietverhältnis kündigen.

§ 36 (bisher § 565).

Die Kündigung ist nur für den Schluß eines Kalendervierteljahres zulässig; sie hat spätestens am dritten Werktage des Vierteljahres zu erfolgen.[7]) Eine längere Kündigungsfrist kann für den Mieter nur ausbedungen werden, wenn die Frist für beide Teile gleichmäßig bemessen ist. Eine kürzere Kündigungsfrist kann für den Vermieter nicht ausbedungen werden. Die Vorschriften der Sätze 2 und 3 gelten nicht für die in § 1 Abs. 2 bezeichneten Mietverhältnisse.

Ist bei den in § 1 Abs. 2 bezeichneten Mietverhältnissen sowie bei Untermietverhältnissen der Mietzins nach Monaten bemessen, so ist die Kündigung nur für den Schluß eines Kalendermonats zulässig; sie hat spätstens am fünfzehnten des Monats zu erfolgen. Ist der Mietzins nach Wochen bemessen, so ist die Kündigung nur für den Schluß einer Kalenderwoche zulässig; sie hat spätestens am ersten Werktage der Woche zu erfolgen. Ist der Mietzins nach Tagen bemessen, so ist die Kündigung an jedem Tage für den folgenden Tag zulässig.

Die Vorschriften des Abs. 1 Satz 1 gelten auch für die Fälle, in denen das Mietverhältnis unter Einhaltung der gesetzlichen Frist vorzeitig gekündigt werden kann.

§ 37 (neu).

Die Kündigung muß schriftlich durch eingeschriebenen Brief erfolgen. Der Beobachtung dieser Form bedarf es nicht, wenn der Empfänger der Kündigung dem Kündigenden ein mit der Angabe des Tages des Zugangs der Kündigung versehenes schriftliches Empfangsbekenntnis ausstellt. Die Form wird durch eine nach den Vorschriften der Zivilprozeßordnung erfolgende Zustellung der Kündigung ersetzt.

§ 38 (neu).

Der Mieter kann gegen die Kündigung des Vermieters innerhalb einer Woche nach ihrem Empfang bei dem Amtsgerichte, in dessen Bezirk sich der Mietraum befindet, Widerspruch erheben.

[7]) Vgl. hierzu auch § 1 des nach Abschluß dieser Arbeit erlassenen Gesetzes über die Auflockerung der Kündigungstermine bei Mietverhältnissen über Wohnräume vom 24. März 1938 (RGBl. I S. 306).

§ 39 (neu).

Die Kündigung ist auf den Widerspruch des Mieters vom Amtsgericht für unwirksam zu erklären, wenn ein sorgsamer, gerecht denkender und seiner Pflichten gegen die Volksgemeinschaft bewußter Hausverwalter unter den gegebenen Verhältnissen von seinem Kündigungsrechte keinen Gebrauch gemacht haben würde.

Bei der Entscheidung ist zu Gunsten des Vermieters insbesondere das eigne, auf andere Weise ohne unbillige Zumutungen nicht zu beseitigende Raumbedürfnis sowie der Umstand zu berücksichtigen, daß der Mieter den sich aus § 6 ergebenden oder seinen sonstigen Verpflichtungen trotz Abmahnung beharrlich zuwidergehandelt hat.

Zu Gunsten des Mieters ist insbesondere der Umstand zu berücksichtigen, daß er im Einverständnis mit dem Vermieter für den Mietraum erhebliche Aufwendungen gemacht hat, für die ihm gegen den Vermieter kein Anspruch auf Ersatz zusteht. Ferner sind, namentlich bei kinderreichen Familien, die Möglichkeiten für eine anderweitige Unterbringung der Familie des Mieters in Betracht zu ziehen. Ist der Mietraum dazu bestimmt, dem Mieter als Berufsstätte zu dienen, so ist der Umstand zu berücksichtigen, daß ein Wechsel der Berufsstätte dem Mieter erhebliche wirtschaftliche Nachteile verursachen würde.

Erbietet sich der Vermieter, dem Mieter zum Ausgleich der ihm durch den Auszug entstehenden Unkosten und wirtschaftlichen Nachteile einen Geldbetrag zu zahlen, so ist zu prüfen, ob bei Zahlung des vom Vermieter angebotenen Betrags dem Mieter die Hinnahme der Kündigung zugemutet werden kann.

§ 40 (neu).

Ist in einem auf bestimmte Zeit geschlossenen Mietvertrage vereinbart, daß sich das Mietverhältnis auf bestimmte oder unbestimmte Zeit verlängert, wenn es nicht vor seinem Ablauf gekündigt wird, so kann der Mieter gegen die Kündigung des Vermieters Widerspruch erheben. Wird der Widerspruch für begründet erachtet, so ist die Kündigung mit der Maßgabe für unwirksam zu erklären, daß sich das Mietverhältnis nach Ablauf der bisherigen Vertragsdauer auf unbestimmte Zeit verlängert, auch wenn es nach dem Mietvertrage als auf bestimmte Zeit verlängert zu gelten hatte.[8])

§ 41 (neu).

Ist der Mietvertrag ohne eine Vereinbarung der in § 40 bezeichneten Art auf bestimmte Zeit geschlossen, so kann der Mieter gegen den Ablauf des Mietverhältnisses Widerspruch erheben. Der Widerspruch muß spätestens drei Monate vor dem Ablauf des Mietverhältnisses beim Amtsgerichte eingelegt werden.

§ 42 (neu).

Die Entscheidung über den Widerspruch erfolgt durch Beschluß auf Grund mündlicher Verhandlung, die nicht später als eine Woche nach Eingang des Widerspruchs stattfinden soll. Der Entscheidung hat ein Güteversuch vorauszugehen. Auf das Verfahren finden im übrigen die Vorschriften des Reichsgesetzes über die Angelegenheiten der freiwilligen Gerichtsbarkeit sinngemäß Anwendung.

§ 43 (neu).

Ist der Widerspruch verspätet eingelegt, so ist er als unzulässig zu verwerfen. Diese Entscheidung kann ohne mündliche Verhandlung ergehen.

Wird der Widerspruch zurückgewiesen, so ist der Mieter zugleich zur Räumung des Mietraums für den Zeitpunkt des Wirksamwerdens der Kündigung zu verurteilen. Das Gericht kann dem Mieter auf seinen Antrag eine den Umständen nach angemessene Frist zur Räumung gewähren. Die Dauer der Frist soll in der Regel drei Monate nicht übersteigen. Die Verurteilung des Mieters zur Räumung hat zu unterbleiben, wenn über die Rechtswirksamkeit der Kündigung Streit besteht.

Wird der Widerspruch deshalb zurückgewiesen, weil sich der Vermieter zur Zahlung einer vom Gericht für angemessen gehaltenen Entschädigung bereit erklärt hat (§ 39 Abs. 4), so ist der Vermieter zur Zahlung der von ihm angebotenen Entschädigung zu verurteilen.

---

[8]) Vgl. hierzu auch § 2 des in der Anm. zu § 36 angeführten Gesetzes vom 24. März 1938.

Die Zwangsvollstreckung erfolgt nach den Vorschriften der Zivilprozeßordnung. Im Falle des Abs. 3 darf die vollstreckbare Ausfertigung des Beschlusses dem Vermieter erst erteilt werden, wenn durch öffentliche oder öffentlich beglaubigte Urkunden nachgewiesen ist, daß die Entschädigung an den Mieter gezahlt oder daß sie für ihn hinterlegt und ihm eine beglaubigte Abschrift der Hinterlegungserklärung zugestellt ist. Die Zwangsvollstreckung gegen den Mieter darf erst beginnen, wenn ihm die vollstreckbare Ausfertigung mindestens sieben Tage vorher zugestellt ist.

§ 44 (neu).

Gegen den Beschluß des Amtsgerichts findet binnen einer Woche von seiner Zustellung an die Beschwerde statt. Die Beschwerde kann zur Niederschrift der Geschäftsstelle des Amtsgerichts oder des Landgerichts eingelegt werden.

Die Beschwerde kann nur darauf gestützt werden, daß der Beschluß des Amtsgerichts auf einer Verletzung des Gesetzes beruhe oder daß das Amtsgericht Umstände, die für die Entscheidung über den Widerspruch erheblich waren, zu Unrecht unberücksichtigt gelassen habe. Abgesehen hiervon kann die Beschwerde nicht darauf gestützt werden, daß das Amtsgericht die Voraussetzungen des § 39 Abs. 1 zu Unrecht als gegeben oder nicht gegeben angesehen habe. Neue Tatsachen können mit der Beschwerde nicht geltend gemacht werden.

Die Entscheidung des Landgerichts kann ohne mündliche Verhandlung erfolgen.

Eine weitere Beschwerde findet nicht statt.

§ 45 (neu).

Die Vorschriften der §§ 37 bis 44 können durch Vertrag nicht abgeändert werden.

§ 46 (neu).

Die Vorschriften der §§ 38 bis 45 gelten nicht für die in § 1 Abs. 2 bezeichneten Mietverhältnisse.

Auf ein Untermietverhältnis finden die Vorschriften der §§ 37 bis 45 nur Anwendung, wenn es sich ausschließlich auf Wohnraum bezieht, in dem der Mieter eine eigne, von der des Untervermieters getrennte Wirtschaft oder Haushaltung führt. Einem Untermietverhältnis steht es im Sinne dieser Vorschrift gleich, wenn ein Hauseigentümer oder jemand, der einen Raum auf Grund eines Erbbaurechts, Nießbrauchs oder eines ähnlichen Rechtsverhältnisses inne hat, einen Teil des von ihm selbst im Hause benutzten Raumes vermietet.

§ 47 (neu).

Jeder Vertragsteil kann unter Einhaltung der gesetzlichen Frist das Mietverhältnis kündigen, wenn infolge nach Abschluß des Vertrags eingetretener Umstände die Fortsetzung des Mietverhältnisses für ihn eine so unbillige Härte bedeuten würde, daß ihm die Fortsetzung nicht zugemutet werden kann.

§ 48 (bisher § 567).

Wird ein Mietvertrag für eine längere Zeit als dreißig Jahre geschlossen, so kann nach dreißig Jahren jeder Teil das Mietverhältnis unter Einhaltung der gesetzlichen Frist kündigen. Die Kündigung ist unzulässig, wenn der Vertrag für die Lebenszeit des Vermieters oder des Mieters geschlossen ist.

§ 49 (bisher § 570).

Angehörige der Wehrmacht und des Reichsarbeitsdienstes, Beamte, Lehrer an öffentlichen Unterrichtsanstalten, hauptamtlich angestellte Unterführer der NSDAP. und ihrer Gliederungen sowie Seelsorger und Beamte der öffentlich-rechtlichen Religionsgesellschaften und ihrer Verbände können im Falle ihrer Versetzung nach einem anderen Orte das Mietverhältnis über die Räume, die sie für sich oder ihre Familie an dem bisherigen Standort oder Wohnort gemietet haben, unter Einhaltung der gesetzlichen Frist kündigen. Dasselbe gilt, wenn der Mieter in eine Stellung der in Satz 1 bezeichneten Art nach einem anderen Orte berufen wird.

Die Kündigung kann nur für den ersten Termin erfolgen, für den sie zulässig ist.

Das Kündigungsrecht kann nicht durch Vertrag ausgeschlossen werden.

§ 50 (bisher § 569).

Stirbt der Mieter, so ist sowohl der Erbe als der Vermieter berechtigt, das Mietverhältnis unter Einhaltung der gesetzlichen

Frist zu kündigen. Die Kündigung kann nur für den ersten Termin erfolgen, für den sie zulässig ist.

Der Vermieter kann nicht kündigen, wenn Erbe des Mieters oder Miterbe der Ehegatte des Mieters oder ein volljähriger Verwandter bis zum zweiten Grade ist und der Ehegatte oder der Verwandte beim Tode des Mieters zu seinem Hausstand gehört hat. Ist der Mietraum ganz oder zum Teil dazu bestimmt, dem Mieter als Berufsstätte zu dienen, so kann der Vermieter nicht kündigen, wenn der Erbe des Mieters oder ein Miterbe die Ausübung des Berufs in dem Mietraum fortsetzt. Der Vermieter kann auch dann nicht kündigen, wenn der Erbe das vom Mieter betriebene Unternehmen veräußert und der Vermieter nach § 24 Abs. 1 verpflichtet ist, seine Zustimmung zur Übertragung der Rechte und Verpflichtungen aus dem Mietverhältnis auf den Erwerber zu erteilen.

Haben Ehegatten gemeinschaftlich gemietet, so gehen im Falle des Todes des einen Ehegatten dessen Rechte und Pflichten aus dem Mietverhältnis nicht auf seinen Erben über. Der andere Ehegatte ist berechtigt, das Mietverhältnis nach Abs. 1 zu kündigen.

Das Kündigungsrecht des Erben des Mieters oder im Falle des Abs. 3 des anderen Ehegatten kann nicht durch Vertrag ausgeschlossen werden.

Die Vorschriften der Absätze 2 bis 4 gelten nicht für die in § 1 Abs. 2 bezeichneten Mietverhältnisse.

§ 51 (bisher § 553 BGB.; § 2 MSchG.).

Der Vermieter kann ohne Einhaltung einer Kündigungsfrist das Mietverhältnis kündigen, wenn der Mieter, ein Familienangehöriger des Mieters, eine andere in seinen Hausstand aufgenommene Person, ein Berufsgehilfe oder derjenige, dem der Mieter den Gebrauch des Mietraums überlassen hat,

1. den Vermieter oder einen Hausgenossen erheblich belästigt oder sonst die Hausgemeinschaft erheblich stört und dieses Verhalten ungeachtet einer Abmahnung des Vermieters fortsetzt,

2. ungeachtet einer Abmahnung einen vertragswidrigen Gebrauch des Mietraums fortsetzt, der die Rechte des Vermieters in erheblichem Maße verletzt, insbesondere wenn der Mieter einem Dritten den ihm unbefugt überlassenen Gebrauch beläßt,

3. ungeachtet einer Abmahnung durch unangemessenen Gebrauch des Mietraums oder durch Vernachlässigung der gebotenen Sorgfalt den Mietraum oder das Gebäude erheblich gefährdet.

Die Kündigung nach Abs. 1 Nr. 1 ist ausgeschlossen, wenn der Vermieter, ein Familienangehöriger des Vermieters, eine andere in seinen Hausstand aufgenommene Person, ein Berufsgehilfe, eine vom Vermieter mit seiner Vertretung in Mietangelegenheiten betraute Person oder der Hausgenosse die Belästigung oder Störung durch eigenes Verschulden veranlaßt hat.

§ 52 (bisher § 554).

Der Vermieter kann ohne Einhaltung einer Kündigungsfrist das Mietverhältnis kündigen, wenn der Mieter trotz schriftlicher Zahlungsaufforderung länger als zehn Tage mit einem Mietzinsbetrage im Rückstand ist, der den für die Dauer eines Monats zu entrichtenden Mietzins übersteigt, oder der, wenn der Mietzins in vierteljährigen oder längeren Zeitabschnitten zu entrichten ist, den für die Dauer eines Vierteljahres zu entrichtenden Mietzins erreicht.

Die Kündigung ist ausgeschlossen, wenn der Mieter den Vermieter befriedigt, bevor sie erfolgt. Geringfügige Mietzinsrückstände berechtigen nicht zur Kündigung.

Die Kündigung ist unwirksam, wenn der Mieter aufrechnen, zurückbehalten oder mindern kann und unverzüglich nach der Kündigung eine entsprechende Erklärung abgibt.

§ 53 (bisher § 542).

Der Mieter kann ohne Einhaltung einer Kündigungsfrist das Mietverhältnis kündigen, wenn ihm der vertragsmäßige Gebrauch des Mietraums ganz oder zum Teil nicht rechtzeitig gewährt oder wieder entzogen wird. Die Kündigung ist erst zulässig, wenn der Vermieter eine ihm von dem Mieter bestimmte angemessene Frist hat verstreichen lassen, ohne Abhilfe zu schaffen. Der Bestimmung einer Frist bedarf es nicht, wenn die Erfüllung des Vertrags infolge des die Kündigung rechtfertigenden Umstandes für den Mieter kein Interesse hat.

Wegen einer unerheblichen Hinderung oder Vorenthaltung des Gebrauchs ist die Kündigung nur zulässig, wenn sie durch ein besonderes Interesse des Mieters gerechtfertigt wird.

Bestreitet der Vermieter die Zulässigkeit der erfolgten Kündigung, weil er den Gebrauch des Mietraums rechtzeitig gewährt oder vor dem Ablaufe der Frist die Abhilfe bewirkt habe, so trifft ihn die Beweislast.

§ 54 (bisher § 543).

Auf das dem Mieter nach § 53 zustehende Kündigungsrecht finden die Vorschriften des § 10 und des § 11 Abs. 1 Satz 1, Abs. 2 entsprechende Anwendung.

Sind mehrere Räume, Grundstücke oder Grundstücksteile, die nicht eine Einheit bilden, durch denselben Vertrag vermietet, so finden die für die Wandlung bei dem Kaufe geltenden Vorschriften der §§ 469 bis 471 des Bürgerlichen Gesetzbuchs entsprechende Anwendung.

§ 55 (bisher § 544).

Der Mieter kann ohne Einhaltung einer Kündigungsfrist das Mietverhältnis kündigen, wenn der zur Wohnung oder zum Aufenthalte von Menschen bestimmte Mietraum so beschaffen ist, daß die Benutzung mit einer erheblichen Gefährdung der Gesundheit verbunden ist. Das Kündigungsrecht steht dem Mieter auch dann zu, wenn er die gefahrbringende Beschaffenheit bei dem Abschlusse des Vertrags gekannt oder auf die Geltendmachun der ihm wegen dieser Beschaffenheit zustehenden Rechte verzichtet hat.

§ 56 (neu).

Der Mieter kann ohne Einhaltung einer Kündigungsfrist das Mietverhältnis kündigen, wenn der Vermieter, ein Familienangehöriger des Vermieters, eine andere in seinen Hausstand aufgenommene Person, ein Berufsgehilfe oder eine vom Vermieter mit seiner Vertretung in Mietangelegenheiten betraute Person den Mieter, einen Familienangehörigen des Mieters, eine andere in seinen Hausstand aufgenommene Person oder einen Berufsgehilfen erheblich belästigt oder sonst die Hausgemeinschaft erheblich stört und dieses Verhalten ungeachtet einer Abmahnung des Mieters fortsetzt.

Die Vorschrift des § 51 Abs. 2 gilt entsprechend.

§ 57 (neu).

Nichtig sind Vereinbarungen, durch die die Vorschriften der §§ 51 und 52 zum Nachteil des Mieters abgeändert werden oder durch die dem Vermieter ein Recht zur fristlosen Kündigung auch in anderen als den dort bestimmten Fällen eingeräumt wird, sowie Vereinbarungen, durch die das dem Mieter nach den §§ 53, 55 und 56 zustehende Recht zur fristlosen Kündigung ausgeschlossen oder beschränkt wird.

Diese Vorschrift gilt nicht für die in § 1 Abs. 2 bezeichneten Mietverhältnisse.

§ 58.

(Abs. 1 neu, Abs. 2 bisher § 543 Abs. 2 und § 555).

Endet das Mietverhältnis durch fristlose Kündigung des Vermieters, so haftet der Mieter bis zum Ablauf der vereinbarten Mietzeit oder, wenn das Mietverhältnis auf unbestimmte Zeit geschlossen war, bis zum Ablauf der gesetzlichen oder vertraglichen Kündigungsfrist, höchstens aber bis zur Dauer eines Jahres nach dem Auszug für den Schaden, den der Vermieter dadurch erleidet, daß er ohne sein Verschulden den Mietraum nicht oder nur zu einem geringeren Mietzins anderweit vermieten kann. Der Mieter haftet nicht, wenn der Vermieter den Mietraum selbst gebraucht oder den Gebrauch einem Dritten unengeltlich überläßt. Vereinbarungen, durch die dem Mieter eine weitergehende Haftung auferlegt wird, sind nichtig.

Soweit der Mieter nicht nach Abs. 1 haftet, hat der Vermieter den für die Zeit nach dem Auszug des Mieters im voraus entrichteten Mietzins zurückzuerstatten. Das gleiche gilt, wenn das Mietverhältnis durch fristlose Kündigung des Mieters endet.

Die Vorschrift des Abs. 1 Satz 3 gilt nicht für die in § 1 Abs. 2 bezeichneten Mietverhältnisse.

§ 59 (bisher § 568).

Wird nach dem Ablaufe der Mietzeit der Gebrauch des Mietraums von dem Mieter fortgesetzt, so gilt das Mietverhältnis als auf unbestimmte Zeit verlängert, sofern nicht der Vermieter oder der Mieter seinen entgegenstehenden Willen binnen einer Frist von zwei Wochen dem anderen Teile gegenüber erklärt. Die Frist beginnt mit dem Ablaufe der Mietzeit.

§ 60 (bisher § 556).

Der Mieter ist verpflichtet, den Mietraum nach der Beendigung des Mietverhältnisses zurückzugeben.

Dem Mieter steht wegen seiner Ansprüche gegen den Vermieter kein Zurückbehaltungsrecht zu.

Hat der Mieter den Gebrauch des Mietraums einem Dritten überlassen, so kann der Vermieter den Mietraum nach der Beendigung des Mietverhältnisses auch von dem Dritten zurückfordern.

§ 61 (bisher § 557).

Gibt der Mieter den Mietraum nach der Beendigung des Mietverhältnisses nicht zurück, so kann der Vermieter für die Dauer der Vorenthaltung als Entschädigung den vereinbarten Mietzins verlangen. Die Geltendmachung eines weiteren Schadens ist nicht ausgeschlossen.

§ 62 (bisher § 558).

Die Ersatzansprüche des Vermieters wegen Veränderungen oder Verschlechterungen des Mietraums sowie die Ansprüche des Mieters auf Ersatz von Verwendungen oder auf Gestattung der Wegnahme einer Einrichtung verjähren in sechs Monaten.

Die Verjährung der Ersatzansprüche des Vermieters beginnt mit dem Zeitpunkt, in welchem er den Mietraum zurückerhält, die Verjährung der Ansprüche des Mieters beginnt mit der Beendigung des Mietverhältnisses.

Mit der Verjährung des Anspruchs des Vermieters auf Rückgabe des Mietraums verjähren auch die Ersatzansprüche des Vermieters.

§ 63 (bisher § 571).

Wird das Mietgrundstück nach Abschluß des Mietvertrags oder, wenn der Mietvertrag nicht schriftlich abgeschlossen worden ist, nach der Überlassung des Mietraums an den Mieter von dem Vermieter an einen Dritten veräußert, so tritt der Erwerber an Stelle des Vermieters in die sich während der Dauer seines Eigentums aus dem Mietverhältnis ergebenden Rechte und Verpflichtungen ein.

Erfüllt der Erwerber die Verpflichtungen nicht, so haftet der Vermieter für den von dem Erwerber zu ersetzenden Schaden wie ein Bürge, der auf die Einrede der Vorausklage verzichtet hat. Erlangt der Mieter von dem Übergange des Eigentums durch Mitteilung des Vermieters Kenntnis, so wird der Vermieter von der Haftung befreit, wenn nicht der Mieter das Mietverhältnis für den ersten Termin kündigt, für den die Kündigung zulässig ist.

§ 64 (bisher § 572).

Hat der Mieter dem Vermieter für die Erfüllung seiner Verpflichtungen Sicherheit geleistet, so tritt der Erwerber in die dadurch begründeten Rechte ein. Zur Rückgewähr der Sicherheit ist er nur verpflichtet, wenn sie ihm ausgehändigt wird oder wenn er dem Vermieter gegenüber die Verpflichtung zur Rückgewähr übernimmt.

§ 65 (bisher § 573).

Eine Verfügung, die der Vermieter vor dem Übergange des Eigentums über den auf die Zeit der Berechtigung des Erwerbers entfallenden Mietzins getroffen hat, ist insoweit wirksam, als sie sich auf den Mietzins für den zur Zeit des Übergangs des Eigentums laufenden Kalendermonat bezieht; erfolgt der Übergang des Eigentums nach dem fünfzehnten Tage des Monats, so ist die Verfügung auch insoweit wirksam, als sie sich auf den Mietzins für den folgenden Kalendermonat bezieht. Eine Verfügung über den Mietzins für eine spätere Zeit muß der Erwerber gegen sich gelten lassen, wenn er sie zur Zeit des Übergangs des Eigentums kennt.

§ 66 (bisher § 574).

Ein Rechtsgeschäft, das zwischen dem Mieter und dem Vermieter in Ansehung der Mietzinsforderung vorgenommen wird, insbesondere die Entrichtung des Mietzinses, ist dem Erwerber gegenüber wirksam, soweit es sich nicht auf den Mietzins für eine spätere Zeit als den Kalendermonat bezieht, in welchem der Mieter von dem Übergange des Eigentums Kenntnis erlangt; erlangt der Mieter die Kenntnis nach dem fünfzehnten Tage des Monats, so ist das Rechtsgeschäft auch insoweit wirksam, als es sich auf den Mietzins für den folgenden Kalendermonat bezieht. Ein Rechtsgeschäft, das nach dem Übergange des Eigentums vorgenommen wird, ist jedoch unwirksam, wenn der Mieter bei der Vornahme des Rechtsgeschäftes von dem Übergange des Eigentums Kenntnis hat.

§ 67 (bisher § 575).

Soweit die Entrichtung des Mietzinses an den Vermieter nach § 66 dem Erwerber gegenüber wirksam ist, kann der Mieter gegen die Mietzinsforderung des Erwerbers eine ihm gegen den Vermieter zustehende Forderung aufrechnen. Die Aufrechnung ist ausgeschlossen, wenn der Mieter die Gegenforderung erworben hat, nachdem er von dem Übergange des Eigentums Kenntnis erlangt hat, oder wenn die Gegenforderung erst nach der Erlangung der Kenntnis und später als der Mietzins fällig geworden ist.

§ 68 (bisher § 576).

Zeigt der Vermieter dem Mieter an, daß er das Eigentum an dem Mietgrundstück auf einen Dritten übertragen habe, so muß er in Ansehung der Mietzinsforderung die angezeigte Übertragung dem Mieter gegenüber gegen sich gelten lassen, auch wenn sie nicht erfolgt oder nicht wirksam ist.

Die Anzeige kann nur mit Zustimmung desjenigen zurückgenommen werden, welcher als der neue Eigentümer bezeichnet worden ist.

§ 69 (bisher § 577).

Wird das Mietgrundstück nach dem in § 63 Abs. 1 bezeichneten Zeitpunkt von dem Vermieter mit dem Rechte eines Dritten belastet, so finden die Vorschriften der §§ 63 bis 68 entsprechende Anwendung, wenn durch die Ausübung des Rechtes dem Mieter der vertragsmäßige Gebrauch entzogen wird. Hat die Ausübung des Rechtes nur eine Beschränkung des Mieters in dem vertragsmäßigen Gebrauch zur Folge, so ist der Dritte dem Mieter gegenüber verpflichtet, die Ausübung zu unterlassen, soweit sie den vertragsmäßigen Gebrauch beeinträchtigen würde.

§ 70 (bisher § 578).

Hat vor dem in § 63 Abs. 1 bezeichneten Zeitpunkt der Vermieter das Mietgrundstück an einen Dritten veräußert oder mit einem Rechte belastet, durch dessen Ausübung der vertragsmäßige Gebrauch dem Mieter entzogen oder beschränkt wird, so gilt das gleiche wie in den Fällen des § 63 Abs. 1 und des § 69, wenn der Erwerber dem Vermieter gegenüber die Erfüllung der sich aus dem Mietverhältnis ergebenden Verpflichtungen übernommen hat.

§ 71 (bisher § 579).

Wird das Mietgrundstück von dem Erwerber weiter veräußert oder belastet, so finden die Vorschriften des § 63 Abs. 1 und der §§ 64 bis 70 entsprechende Anwendung. Erfüllt der neue Erwerber die sich aus dem Mietverhältnis ergebenden Verpflichtungen nicht, so haftet der Vermieter dem Mieter nach § 63 Abs. 2.

§ 72 (neu).

Die Anwendung der Vorschriften der §§ 63 bis 71 kann nicht im voraus durch Vertrag ausgeschlossen werden. Diese Vorschrift gilt nicht für die in § 1 Abs. 2 und in § 46 Abs. 2 Satz 2 bezeichneten Mietverhältnisse.

§ 73 (neu).

Ist der Vermieter Eigentümer des Grundstücks, so kann er mit dem Mieter vereinbaren, daß das Mietrecht im Grundbuche einzutragen ist. Das eingetragene Mietrecht hat die Wirkungen einer beschränkten persönlichen Dienstbarkeit. Im Zwangsversteigerungsverfahren finden die Vorschriften der §§ 63, 64, des § 65 Satz 1 und der §§ 66, 67 nach Maßgabe des § 57b und, falls das Mietrecht nicht in das geringste Gebot fällt, nach Maßgabe des § 57a des Gesetzes über die Zwangsversteigerung und die Zwangsverwaltung entsprechende Anwendung. Ein Ersatzanspruch nach § 92 dieses Gesetzes steht dem Mieter nicht zu, falls der Ersteher von seinem Kündigungsrechte keinen Gebrauch macht.

NEUGESTALTUNG DES MIETWESENS

(Jahrbuch der Akademie für Deutsches Recht 1937 S. 9 flg.)

I. Keins der im BGB. geregelten Rechtsgebiete hat sich unter den Einwirkungen der Kriegs- und Nachkriegsverhältnisse derart tiefgehende Eingriffe gefallen lassen müssen, wie das des Mietrechts. Zwar sind die Vorschriften der §§ 535 bis 580 BGB. — abgesehen von den mehrfach geänderten §§ 573 und 574 — ihrem Wortlaut nach unangetastet geblieben. Sachlich sind sie aber durch die Mieterschutzgesetzgebung weitgehend außer Kraft gesetzt worden. Die Rechtsentwicklung auf dem Gebiete des Mietwesens war gekennzeichnet durch den Kampf der politischen Parteien gegeneinander, der sich des Mietrechts als eines billigen Agitationsmittels bediente, durch den beinahe als Naturnotwendigkeit empfundenen Interessengegensatz zwischen Vermietern und Mietern sowie durch die Entschlußlosigkeit des Gesetzgebers. Das Ergebnis dieser Rechtsentwicklung ist eine außerordentlich große Zersplitterung des Mietrechts. Es sind heute im wesentlichen drei Klassen von Räumen zu unterscheiden, die je einem besonderen Recht unterstehen, wobei aber die Feststellung, zu welcher Klasse ein Raum gehört, oft keineswegs einfach ist:

1. für Neubauten und durch Um- oder Einbauten neu geschaffene Räume (MSchG. § 33 Satz 1, RMG. § 16 Nr. 1), Räume gemeinnütziger Wohnungsunternehmen (MSchG. § 33 Satz 2, RMG. § 16 Nr. 4), durch Teilung von Wohnungen oder durch Umbau von gewerblichen oder sonstigen Räumen gewonnene selbständige Wohnungen (MSchG. § 33a, RMG. § 16 Nr. 2) gelten uneingeschränkt die Vorschriften des BGB.;
2. für die sog. teuren Wohnungen, die durch Anordnungen nach § 52 MSchG., § 22 RMG. von den Vorschriften der beiden Gesetze ausgenommen worden sind, sowie für sog. reine Geschäfts-

räume (MSchG. § 32a, RMG. § 16 Nr. 5) gilt grundsätzlich das Mietrecht des BGB., jedoch mit den sich aus den §§ 52e, 32a Satz 2 MSchG. und § 22a RMG. ergebenden Besonderheiten;

3. die übrigen Wohnungen unterliegen der Mieterschutzgesetzgebung.[9])

Eine besondere Behandlung erfahren Räume in öffentlichen Gebäuden (MSchG. § 32, RMG. § 16 Nr. 3) und Werkwohnungen (MSchG. §§ 20 bis 23b, RMG. §§ 16 Nr. 8).

Zu dieser reichsrechtlichen Zersplitterung kommen noch die sich aus den landesrechtlichen Ausführungsvorschriften ergebenden Verschiedenheiten, wenn auch insoweit auf Grund des Art. I § 5 Abs. 2 des Gesetzes zur Änderung des RMG. und des MSchG. vom 18. April 1936 (RGBl. I S. 371) eine erhebliche Vereinfachung erzielt worden ist.

II. Daß diese gegenwärtige Lage des Mietrechts zu einer baldigen Neugestaltung des gesamten Rechtsgebietes drängt, bedarf keiner Hervorhebung. Dabei kann nicht zweifelhaft sein, daß das Ziel der Neugestaltung die Schaffung eines für alle Arten von Räumen gültigen Dauerrechts sein muß. Gegen eine alsbaldige Inangriffnahme dieser Neugestaltung könnten vor allem zwei Bedenken geltend gemacht werden, die ich jedoch nicht für durchgreifend halte.

1. Das zu schaffende Dauerrecht muß auf eine regelmäßige Raummarktlage zugeschnitten werden, bei der der jeweiligen Nachfrage nach Mieträumen ein genügendes Angebot verfügbarer Räume gegenübersteht. Von einer regelmäßigen Raummarktlage konnte der Gesetzgeber des BGB. ausgehen. Dem Umstand, daß in der Vorkriegszeit stets ein genügendes Angebot, meist sogar ein Überangebot an verfügbaren Räumen vorhanden war, ist es im wesentlichen zu verdanken, daß der auch im Mietrecht durchgeführte Grundsatz beinahe schrankenloser Vertragsfreiheit nicht zu größeren Unzuträglichkeiten geführt hat. Eine regelmäßige Raummarktlage ist heute nun noch nicht wieder gegeben; es fehlt namentlich noch an Tausenden von Kleinwohnungen. Hinzu

---

[9]) Der dargelegte Rechtszustand ist inzwischen durch die Erste Verordnung zur Ausführung der Verordnung über Kündigungsschutz für Miet- und Pachträume vom 4. Dezember 1937 (RGBl. I S. 1325) in mehreren Richtungen geändert worden.

kommt, daß der Wohnungsmarkt noch lange Zeit starken Schwankungen ausgesetzt sein wird, die sich aus der Bevölkerungsentwicklung ergeben werden (zunächst Abnahme des Neuzugangs an Haushaltungen, wenn die schwachen Geburtsjahrgänge 1915 bis 1918 in das heiratsfähige Alter treten werden; etwa von 1945 ab wieder Zunahme; später erneute allmähliche Abnahme). Wollte man also mit der Neugestaltung des Mietrechts bis zur Wiederherstellung einer regelmäßigen Raummarktlage warten, so würde dies eine Hinausschiebung auf unabsehbare Zeit bedeuten. Allerdings wird das Mietnotrecht auch neben dem neugestalteten Dauermietrecht zunächst, wenigstens teilweise, noch weiter bestehen bleiben müssen. Aber es wird beim Vorhandensein eines den heutigen Anschauungen entsprechenden Dauermietrechts viel eher die Möglichkeit zu einem weiteren Abbau des Notrechts gegeben sein als im Falle der Weitergeltung des Mietrechts des BGB. Die alsbaldige Neugestaltung des Mietrechts wird also dazu beitragen, die Rückkehr zu einem normalen Rechtszustande zu erleichtern und zu beschleunigen. Bei der Schaffung eines neuen Dauermietrechts darf man sich freilich nicht den Blick durch die gegenwärtig noch bestehende Unregelmäßigkeit der Raummarktlage trüben lassen. Auf der anderen Seite wird aber auch zu bedenken sein, daß das deutsche Volk fich in absehbarer Zeit eine „Überflußwirtschaft“, wie wir sie vor dem Kriege hatten und von der die Schöpfer des BGB. ausgehen konnten, nicht wieder wird leisten können.

2. Weiter könnte geltend gemacht werden, daß das Mietrecht nur im Zusammenhang mit der Gesamtreform des bürgerlichen Rechts, wie es jetzt im BGB. zusammengefaßt ist, neu gestaltet werden kann. Es ist nun zwar richtig, daß neben den in den §§ 535 bis 580 BGB. enthaltenen Vorschriften des eigentlichen Mietrechts auch die Vorschriften des 3., 4. und 5. Abschnitts des Ersten Buches des BGB. (§§ 104—225) sowie die des 1. bis 6. Abschnitts des Zweiten Buches (§§ 241—432) für das Rechtsverhältnis der Miete Geltung haben. Das hindert aber nicht, die eigentlichen mietrechtlichen Vorschriften alsbald neu zu gestalten und sie zunächst neben den jetzigen allgemeinen Vorschriften in Geltung zu setzen. Daß nach Durchführung der Gesamtreform des bürgerlichen Rechts unter Umständen auch das Mietrecht einer nochmaligen Durchsicht unterzogen werden muß, kann unbedenklich in Kauf genommen werden.

III. Das BGB. hat die Miete unter die Schuldverhältnisse eingereiht. Sie ist nach seiner Systematik ein schuldrechtlicher, gegenseitiger Vertrag im Sinne der §§ 320 ff., der an sich nur persönliche Rechte und Verpflichtungen der Vertragschließenden gegeneinander begründet. Nicht zu verkennen ist aber, daß die Grundstücksmiete, sobald zum Abschluß des Mietvertrags noch die Überlassung des Grundstücks an den Mieter hinzugekommen ist, auch Züge aufweist, die dem Rechte des Mieters eine Wirkung gegen jedermann verleihen. Es sei nur auf die §§ 571 ff. BGB über die Wirkung des Mietvertrags gegenüber dem Erwerber des Mietgrundstücks hingewiesen. Von manchen Seiten wird daher die Auffassung vertreten, daß die Miete schon nach der Ausgestaltung, die sie im BGB. gefunden hat, in Wirklichkeit ein dingliches Recht sei. Für die Neugestaltung des Mietwesens fragt es sich zunächst, ob das Mietrecht in dem bisherigen Sinne, wenn es auf Grund der mit dem geltenden Recht gemachten Erfahrungen und entsprechend den heutigen Rechtsanschauungen ausgestaltet wird, wozu auch die Hinzufügung weiterer dinglicher Bestandteile gehören kann, den Anforderungen nationalsozialistischer Bevölkerungspolitik sowie dem Bedürfnis der in Betracht kommenden Volkskreise zu genügen in der Lage ist, oder ob es sich empfiehlt, an seiner Stelle eine Rechtsform auszubilden, die dem Rauminhaber eine stark verdinglichte Rechtsstellung gewährt, aber auch ihn selbst mehr als bisher an seine Wohn- oder Arbeitsstätte bindet, etwa in der Form eines „Heimrechts", wie es zuerst von Hein im II. Sonderdruck des „Mietgericht" S. 23 ff. vorgeschlagen worden ist (der allerdings das Kündigungsrecht des Heimnehmers nicht beschränkt wissen wollte). Ich bin der Auffassung, daß das Mietrecht als solches nicht entbehrt werden kann und daß auch durchaus die Möglichkeit besteht, es in einer den heute zu stellenden Anforderungen entsprechenden Weise auszugestalten.

Gegen die Ersetzung des Mietrechts durch ein Heimrecht der gedachten Art spricht, daß der größte Teil der in Betracht kommenden Volksgenossen gar nicht in der Lage ist, sich wohnungsmäßig stärker als bisher zu binden. Zahlreiche Volksgenossen müssen mit Änderungen in ihren Einkommensverhältnissen, in der Größe des Haushalts, mit einem Wechsel ihres Arbeitsplatzes rechnen und daher in der Lage sein, ihre Wohnung diesen Änderungen alsbald anzupassen. Aber auch wer mit derartigen Änderungen nicht zu rechnen braucht, ist erfahrungsgemäß wenig geneigt, sich an eine bestimmte Wohnung fester, als es unbedingt nötig ist, zu binden. Zwar mietet er die Wohnung nicht, um sie alsbald wieder aufzugeben, sondern um sich in ihr ein Heim zu begründen. Aber gerade deshalb will er freie Hand haben, sich für den Fall, daß er sich in der Wohnung aus irgendwelchen Gründen nicht oder nicht mehr heimisch fühlen sollte, eine andere Wohnung zu wählen. Nur davor will er nach Möglichkeit geschützt sein, sein Heim *gegen* seinen Willen zu verlieren. Dieser Schutz kann ihm aber auch auf dem Boden des Mietrechts zuteil werden. Es würde übrigens auch nicht im Interesse der Allgemeinheit liegen, einen Großteil der Bevölkerung wohnungsmäßig stärker als bisher zu binden. Eine solche Bindung würde z. B. dem Staate bei der Versetzung von Beamten Schwierigkeiten bereiten und der Durchführung eines planmäßigen Arbeitseinsatzes hinderlich sein.

Bei gewerblichen und beruflichen Räumen liegen die Verhältnisse zum Teil anders. Aber auch hier handelt es sich in der Hauptsache darum, den Rauminhaber gegen einen ungerechtfertigten Verlust seiner Arbeitsstätte zu schützen, auf der sich, wie besonders bei Ladeninhabern und Handwerkern, seine wirtschaftliche Existenz aufbaut. Ein besonderes Recht der Gewerberaummiete zu schaffen, erscheint nicht erforderlich, wenn das künftige Recht allgemein dem Bedürfnis nach einem Schutz gegen ungerechtfertigte Kündigungen Rechnung trägt.

Muß hiernach, wie ich glaube, das Mietrecht grundsätzlich beibehalten werden, so empfiehlt es sich m. E. auch nicht, ein besonderes Heimrecht *neben* das Mietrecht in der Weise zu stellen, daß die Beteiligten zwischen beiden Rechtsformen die Wahl haben. Ich fürchte, daß bei den Wohnungsuchenden und erst recht bei den Hausbesitzern die Neigung, statt des Mietrechts das Heimrecht zu wählen, sehr gering sein würde, so daß das Heimrecht sich schwerlich zu einem lebensvollen Gebilde entwickeln würde. Dabei wird namentlich auch die Preisfrage eine Rolle spielen. Wenn der Hausbesitzer durch Eingehung eines Heimvertrags dem Heimnehmer eine weit stärkere Rechtsstellung überträgt, als dies bei einem Mietvertrage der Fall ist, so wird er sich hierfür auch ein höheres Entgelt ausbedingen dürfen und müssen. Erhebliche Bedenken scheinen mir ferner dagegen zu sprechen, dem Heimrecht volle Wirksamkeit gegenüber dem Ersteher in der Zwangsversteigerung zu verleihen. Damit wäre zum mindesten eine erhebliche Erschwerung des Realkredits, der für die Herstellung und Erhaltung der Häuser unentbehrlich ist, in jedem Falle aber eine starke Entwertung der Häuser verbunden. Dann ist aber zu besorgen, daß durch Einführung eines Heimrechts den wohnungsuchenden Volksgenossen letzten Endes nicht genützt, sondern geschadet würde. Im übrigen zeigen die zahlreichen Fälle, in denen Mietverträge Jahrzehnte hindurch von beiden Teilen und oft noch von ihren Erben ausgehalten worden sind, daß auch auf dem Boden des Mietrechts die Durchführung des Heimgedankens recht wohl möglich ist, sofern und solange auf seiten des Mieters die erforderlichen Voraussetzungen hierfür vorliegen. Für diejenigen Volksgenossen aber, die das Streben nach Seßhaftmachung haben — in Betracht kommen wird hierfür ohnehin stets nur ein verhältnismäßig kleiner Teil der städtischen Bevölkerung —, wird auch das Heimrecht nicht die Erfüllung ihrer Wünsche bedeuten. Ihnen werden andere Rechtsformen zur Verfügung zu stellen sein, die ihnen das Gefühl des Ansässigseins auf eigner Scholle gewähren (z. B. Erbbaurecht, Heimstätte).

IV. Die im BGB. unter dem Untertitel „Miete“ (§§ 535—580) enthaltenen Vorschriften betreffen sowohl die Grundstücks- wie die Fahrnismiete. Für die Grundstücksmiete sind eine Reihe besonderer Vorschriften gegeben (§§ 537 Abs. 2 Satz 2, 551 Abs. 2, 556 Abs. 2, 559—563, 565 Abs. 1, 3, 566, 571—579). Für die Miete von Wohnungen oder anderer zum Aufenthalte von Menschen bestimmten Räumen enthält § 544 eine Sondervorschrift. § 570 betrifft Mietverhältnisse über „Räume“. Allgemein ist dann in § 580 noch ausgesprochen, daß die Vorschriften über die Miete von Grundstücken auch für die Miete von Wohnräumen (worunter selbstverständlich auch geschlossene Wohnungen fallen) und anderen Räumen gelten. Ausschließlich auf die Fahrnismiete beziehen sich die §§ 547 Abs. 1 Satz 2, 565 Abs. 2.

Diese grundsätzliche Gleichbehandlung von Grundstücks- und Fahrnismiete nimmt in keiner Weise auf ihre völlig verschiedene wirtschaftliche und soziale Bedeutung Rücksicht. Die gemietete Wohnung oder Berufsstätte ist für ihren Inhaber die Grundlage seines Daseins. Bei der Fahrnismiete handelt es sich dagegen in den weitaus meisten Fällen um die Befriedigung mehr oder weniger untergeordneter Bedürfnisse des täglichen Lebens, oft nur um die Befriedigung von Luxusbedürfnissen. Die Fahrnismiete wickelt sich fast durchweg ohne Schwierigkeiten ab. Sie läßt sich daher nach verhältnismäßig wenigen und einfachen Rechtsregeln ordnen, vielleicht in Verbindung mit der Leihe als der unentgeltlichen Gebrauchsüberlassung. In Wirklichkeit sind denn auch zahlreiche Vorschriften des BGB., die sich grundsätzlich auch auf die Fahrnismiete beziehen, von praktischer Bedeutung nur für die Grundstücks-, insbesondere die Wohnungsmiete. Bei der Neugestaltung des Mietwesens wird daher die Grundstücksmiete von der Fahrnismiete zu trennen sein. Dabei wird die Miete von Wohnungen und anderen Räumen mit Rücksicht sowohl auf ihre wirtschaftliche und soziale Bedeutung als auch auf das rein zahlenmäßige Verhältnis gegenüber der Miete von „Grundstücken" in den Vordergrund zu stellen, also umgekehrt zu verfahren sein, als das BGB. verfährt. Für die Fahrnismiete kann es bis zur Gesamtreform des bürgerlichen Rechts bei der jetzigen Regelung bleiben.

V. Daß die Neugestaltung des Mietrechts von dem Gedanken der Volksgemeinschaft als dem obersten Grundsatz nationalsozialistischen Rechtsdenkens auszugehen hat, bedarf keiner Hervorhebung. Der Volksgemeinschaft entspricht im kleinen die Hausgemeinschaft. Aus der — nicht nur gegenüber dem anderen Vertragsteil, sondern gegenüber allen Hausgenossen bestehenden — Verpflichtung zur Hausgemeinschaft ergibt sich die Pflicht zu rücksichtsvoller Ausübung der Vertragsrechte, aber auch die Verpflichtung zu gewissenhafter Erfüllung der Vertragspflichten. In diesen Richtungen ist in den letzten $4^{1}/_{2}$ Jahren sowohl vom Gesetzgeber (vgl. das Gesetz zur Verhütung mißbräuchlicher Ausnutzung von Vollstreckungsmöglichkeiten vom 13. Dezember 1934, RGBl. I S. 1234), als auch von der Rechtsprechung und von den Verbänden der Hausbesitzer und der Mieter (Vereinbarung über einen Deutschen Einheits-Mietvertrag, Hausgemeinschaftsordnungen) wertvolle Vorarbeit geleistet worden. Das Mietrecht ist so bereits jetzt mit einem neuen Inhalt erfüllt worden. Auf diesen Grundlagen, insbesondere auf dem Deutschen Einheits-Mietvertrag, wird die Neugestaltung aufbauen können. Die Durchführung der neuen Gedanken hängt freilich in weitgehendem Maße davon ab, daß bei allen Beteiligten auch der W i l l e zur Hausgemeinschaft vorhanden ist. Die Erziehung hierzu wird, worauf Roquette DWohnA. 1935 Sp. 531/532 mit Recht hinweist, ein dankbares Tätigkeitsgebiet der Verbände der Hausbesitzer und der Mieter bilden.

VI. Einzelheiten der Neugestaltung zu erörtern, ist im Rahmen dieser Abhandlung naturgemäß nicht möglich. Nur auf einige besonders wichtige, das Wesen des Rechtsverhältnisses der Miete berührende Fragen soll nachstehend eingegangen werden.

1. Das BGB hat, wie schon erwähnt, den Grundsatz der Vertragsfreiheit auch im Mietrecht beinahe schrankenlos durchgeführt. Nur einige wenige Vorschriften sind entweder ausdrücklich für zwingend erklärt (§§ 540, 541) oder ihrer Zweckbestimmung nach als zwingend anzusehen (§§ 544, 559 Satz 3, 560 Satz 2, 567). Dies hat in der Vorkriegszeit dazu geführt, daß durch die bekannten Mietvertragsformulare der Hausbesitzervereine die dem Mieter günstigen gesetzlichen Vorschriften weitgehend außer Kraft gesetzt und dem Vermieter Rechte eingeräumt werden, die über die ihm nach dem Gesetze zustehenden noch weit hinausgingen. Daß diese einseitig aufgestellten Mietvertragsformulare viel Erbitterung hervorriefen und dazu beitrugen, das Verhältnis zwischen Hausbesitzern und Mietern zu vergiften, war verständlich. Wenn sie sich nicht in größerem Maße schädlich auswirkten, so lag dies an dem in der Vorkriegszeit zumeist vorhandenen Wohnungsüberfluß. Die Mieterschutz- und Wohnungsmangelgesetzgebung kehrte den Grundsatz der Vertragsfreiheit in sein Gegenteil um. Mit dem Fortschreiten der Lockerungsgesetzgebung gewannen aber auch die Mietvertragsformulare der Hausbesitzervereine wieder an Bedeutung. Hierin ist durch die Aufstellung des Deutschen Einheits-Mietvertrags endgültig Wandel geschaffen worden. Damit entfällt aber auch der Hauptgrund für den mitunter gemachten Vorschlag, die Vorschriften des Mietrechts in ihrer Gesamtheit für zwingend zu erklären. Dieser Vorschlag schießt weit über das Ziel hinaus. Die Beteiligten müssen grundsätzlich die Möglichkeit haben, ihre Vertragsbeziehungen durch Abänderungen oder Ergänzungen der gesetzlichen Vorschriften den Bedürfnissen und Besonderheiten des einzelnen Falles anzupassen. Dem Mieter wäre in Wirklichkeit auch nicht genützt, wenn es ihm unmöglich gemacht wäre, beispielsweise kleinere Instandsetzungsarbeiten oder die sog. Schönheitsreparaturen oder gewisse Betriebskosten zu übernehmen. Die

Übernahme derartiger Verpflichtungen, die der Vermieter sonst zu einem Durchschnittsbetrage in den Mietzins einrechnen müßte, wird ihren Ausgleich in einer Verbilligung des Mietzinses finden. Selbstverständlich wird zu prüfen sein, ob nicht in größerem Umfange als bisher einzelne Vorschriften für unabdingbar zu erklären sind, wofür die in der Vereinbarung zwischen den beiden Spitzenverbänden „gemißbilligten Klauseln“ (Brandis, Mieterschutz im neuen Reich, 3. Aufl., S. 20) einen Anhalt bieten könnten. Die völlige Beseitigung der Vertragsfreiheit ist aber weder erforderlich noch auch zweckmäßig.

2. Von der größten sozialen Bedeutung ist die Frage, ob und unter welchen Voraussetzungen dem Vermieter das Recht zur einseitigen Lösung des Vertrags, also zur Kündigung, zuzugestehen ist. Daß das Kündigungsrecht des Mieters keinerlei Einschränkungen, von der Einhaltung der Kündigungsfristen abgesehen, unterworfen werden kann, erscheint mir unzweifelhaft. Sicher ist ferner, daß der Vermieter — ebenso wie umgekehrt auch der Mieter (vgl. §§ 542, 544 BGB.) — beim Vorliegen bestimmter Voraussetzungen berechtigt sein muß, das Vertragsverhältnis fristlos zu kündigen. Die nähere Ausgestaltung dieses sog. außerordentlichen Kündigungsrechts wird keine besondere Schwierigkeiten bereiten. Hier kann an die §§ 553, 554 BGB., §§ 2, 3, 52 e Abs. 1 Nr. 4 MSchG. angeknüpft werden. Fragen könnte sich nur, ob es im Falle der gesetzgeberischen Sonderbehandlung des Mietrechtsgebiets nicht geboten ist, die dem Urteil des Reichsgerichts RGZ. Bd. 150 S. 193 ff. zugrunde liegenden Gedanken im Gesetze niederzulegen, wobei zu beachten wäre, daß die Voraussetzungen einer Kündigung aus wichtigem Grunde wegen Unzumutbarkeit der Fortsetzung des Vertragsverhältnisses unter Umständen auch auf seiten des Mieters vorliegen können.

Schwieriger zu beantworten ist die Frage, wie das sog. ordentliche Kündigungsrecht des Vermieters zu gestalten ist. Das MSchG. hatte zunächst die Kündigung des Vermieters als rechtsgestaltenden Akt überhaupt beseitigt und sie durch einen rechtsgestaltenden Ausspruch des Gerichts, die im Wege der Klage herbeizuführende Aufhebung des Mietverhältnisses, ersetzt. Die Novelle von 1928 hat daneben das gerichtliche Kündigungsverfahren eingeführt, das aber, sobald der Mieter gegen die Kündigung Widerspruch erhebt, in das Aufhebungsverfahren übergeht. Darüber, daß dieses Verfahren nicht beizubehalten ist, besteht, soweit ersichtlich, Einmütigkeit. Es schafft eine ganz unnötige Vermehrung der Prozesse und ist dazu angetan, eine etwa bestehende Spannung nur noch zu vertiefen. Aus diesem Grunde hat auch bereits Groß in dem im Auftrage des Bundes Deutscher Mietervereine bearbeiteten „Entwurf zu einem Gesetz über das soziale Mietrecht" S. 26 die Abschaffung des Aufhebungsverfahrens empfohlen. Dies würde dazu führen, die rechtsgestaltende Natur der Kündigung des Vermieters wieder herzustellen. Dagegen kann eine Rückkehr zum freien, d. h. willkürlichen Kündigungsrecht des Vermieters im Sinne des BGB. als mit den heutigen Rechtsbegriffen unvereinbar nicht in Betracht kommen. Nur darum kann es sich handeln, ob der Gesetzgeber feste Kündigungstatbestände entsprechend den Aufhebungstatbeständen des MSchG. aufstellen oder ob er sich mit der Aufstellung einer Generalklausel begnügen soll. Ich würde den zweiten Weg für empfehlenswerter halten und zwar scheint mir in Übereinstimmung mit Herschel DWohnA. 1935 Sp. 491 eine brauchbare Grundlage hierfür der in neuerer Zeit im Schrifttum und in der Rechtsprechung entwickelte Gedanke der unzulässigen Rechtsausübung oder des Rechtsmißbrauchs zu bieten (vgl. die Nachweisungen in RGZ. Bd. 152 S 150), der auch bereits jetzt für die Kündigung in der Rechtsprechung Eingang gefunden hat (vgl. z. B. KG. in JW. 1937 S. 2108 Nr. 13). Eine Kündigung des Vermieters wäre danach für unwirksam zu erachten, wenn sie sich unter Berücksichtigung aller Umstände des Falles als Mißbrauch des Rechtes darstellt. Bei dieser Beurteilung wären nicht nur die Belange der Vertragsteile, sondern auch die der übrigen Hausgenossen sowie etwa in Betracht kommende höhere Belange der Allgemeinheit, die jeweils gegebene Raummarktlage usw. zu berücksichtigen. Sache des Mieters wäre es, gegenüber einer Kündigung den Einwand des Rechtsmißbrauchs zu erheben. Die Geltendmachung des Einwands hätte, um die Frage der Wirksamkeit der Kündigung so schnell als möglich zu klären, in einem Widerspruchsverfahren vor dem Amtsgericht zu erfolgen, etwa nach Art des im Gesetze über das Kündigungsrecht der durch das Gesetz zur Wiederherstellung des Berufsbeamtentums betroffenen Personen vom 7. April 1933 (RGBl. I S. 187) geregelten Widerspruchsverfahrens. Es sei auch auf die von Hertel im III. Sonderdruck des „Mietgericht" S. 47/48 gemachten Vorschläge hinge-

-wiesen, denen ich nur insoweit nicht folgen kann, als danach dem Vermieter gewissermaßen ein „Abkaufen" des Kündigungsrechts durch Erstattung der Umzugskosten möglich sein soll. In diesem Widerspruchsverfahren müßte der Vermieter allerdings die Gründe darlegen, die ihm den Anlaß zur Kündigung gegeben haben. Die erforderlichen Ermittlungen hätte aber das Gericht, wie nach § 12 FGG., von Amts wegen vorzunehmen. Das Verfahren würde damit endigen, daß entweder das Gericht die Kündigung für unwirksam erklärt oder daß es, gegebenenfalls unter Zubilligung einer Räumungsfrist, ein Räumungsurteil erläßt. — Eine ähnliche Regelung ließe sich auch für die Fälle treffen, in denen der Vermieter die Verlängerung eines ohne Kündigung ablaufenden Mietvertrags ohne berechtigten Grund verweigert.

Eine derartige Regelung, die sich jedenfalls im Ergebnis weitgehend auch mit der von Roquette JW. 1936 S. 2289 und „Rechtsgrundlagen der Wohnungsmiete" S. 73 ff. bereits für das geltende Recht vertretenen Auffassung von der Pflichtgebundenheit der Kündigung des Vermieters decken würde, ist nach meinem Dafürhalten dem System der festen Kündigungstatbestände bei weitem vorzuziehen. Das dem MSchG. zugrunde liegende System der festen Aufhebungstatbestände war ein Notbehelf, der dazu bestimmt war, die Kündigungen wegen der Unmöglichkeit anderweitiger Unterbringung der Mieter auf ein möglichst geringes Maß herabzudrücken. Es führt, wie die Erfahrungen zeigen, zu einer unfruchtbaren und im Einzelfalle oft recht unbefriedigenden Kasuistik. Die Folge ist sehr häufig die, daß unhaltbar gewordene, von einer Hausgemeinschaft weit entfernte Zustände im Miethause verewigt werden. Eine regelmäßige Raummarktlage erfordert ein biegsameres System, das allen Umständen des einzelnen Falles Rechnung zu tragen in der Lage ist, dem Mieter gegen eine ungerechtfertigte Entziehung seines Heims Schutz gewährt, andererseits aber auch die Auflösung einer infolge Wegfalls ihrer Voraussetzungen unhaltbar gewordenen Hausgemeinschaft ermöglicht.

3. In der Bemessung des Mietzinses waren die Vertragsteile in der Vorkriegszeit — von der allgemeinen Wuchervorschrift des § 138 Abs. 2 BGB abgesehen — völlig frei. Der Überfluß an Räumen bildete den wirksamsten Schutz gegen unangemessene Forderungen der Haubesitzer. Die in der Kriegs-

und Nachkriegszeit auf dem Wohnungsmarkte eingetreten Verhältnisse haben zu scharfen Eingriffen des Gesetzgebers geführt, die in einer starken Einschränkung der Vertragsfreiheit und in einer behördlichen Kontrolle der Mietzinsbildung (Mieterschutzverordnung, Höchstmietenanordnung, Reichsmietengesetz) sowie im Erlaß von Strafvorschriften gegen den Sozialwucher (§§ 4, 12, 13 der Preistreibereiverordnung vom 13. Juli 1923, § 49 a MSchG.) bestanden. Derartige Vorschriften, die in Zeiten schlimmster Raumnot angebracht gewesen sein mögen, haben nach Wiederherstellung einer regelmäßigen Raummarktlage keine Berechtigung mehr. Sie sind dazu angetan, die Vertragsuntreue zu fördern und die Hausgemeinschaft zu stören. Die Vorschrift des § 49 a MSchG. hat ihre Bedeutung als Strafvorschrift ohnehin schon seit längerer Zeit fast völlig eingebüßt und spielt jetzt nur noch die Rolle eines Verbotsgesetzes im Sinne des § 134 BGB. und eines Schutzgesetzes im Sinne des § 823 Abs. 2 BGB. In Wirklichkeit wird sie heute hauptsächlich als Mittel zu dem Versuche benutzt, sich von einmal übernommenen vertraglichen Verpflichtungen zu befreien und die Folgen fehlgeschlagener Spekulationen auf andere abzuwälzen. Die Mietwucherrechtsprechung des Reichsgerichts liefert hierfür zahlreiche Belege. Fragen könnte sich nur, ob nicht in anderer Weise für einen Schutz des Mieters gegen unangemessene Mietzinsforderungen des Vermieters zu sorgen ist. Gedacht werden könnte z. B. an eine Regelung, wie sie in § 343 BGB. für die Herabsetzung einer unverhältnismäßig hohen Vertragsstrafe vorgesehen ist. Aber auch eine solche Regelung scheint mir weder erforderlich noch auch empfehlenswert zu sein. Die unerfreulichen Begleiterscheinungen, die die oben angeführten Vorschriften des Notrechts gezeitigt haben, würden sich in kaum geringerem Maße wieder einstellen. Abgesehen davon, daß schon das Bestehen einer regelmäßigen Raummarktlage einen wirksamen Schutz gegen unangemessene Mietzinsforderungen bildet, besitzt der heutige Staat genügend andere Mittel, dem unsozialen Verhalten einzelner Hausbesitzer entgegenzutreten.

4. Ungenügend ist im geltenden Recht der Rechtsschutz des Mieters gegenüber Dritten ausgestaltet. Solange dem Mieter die Mietsache vom Vermieter noch nicht überlassen ist, stehen ihm Dritten gegenüber keinerlei Rechtsbehelfe zu; er kann sich vielmehr, falls ihm die Sache von einem Dritten

vorenthalten wird, nur an den Vermieter halten. Ist ihm die Sache vom Vermieter überlassen worden, dann genießt er gegenüber jedem Dritten (wie auch gegenüber dem Vermieter selbst) den Besitzschutz der §§ 859 ff. BGB. (vgl. auch § 865). In der Entscheidung RGZ. Bd. 59 S. 326 (328) hat das Reichsgericht auch anerkannt, daß die widerrechtliche Verletzung des „infolge der Besitzeinräumung von jedermann zu achtenden Rechts des Mieters auf ungestörte Benutzung der Mietsache“ zum Schadensersatz verpflichtet. Löning, Die Grundstücksmiete als dingliches Recht S. 150 ff. will darüber hinaus aus den §§ 541, 538 Abs. 2 BGB. ein selbständiges, vom Willen des Vermieters unabhängiges Recht des Mieters zum Vorgehen gegen einen Dritten herleiten, der auf Grund eines ihm zustehenden Rechtes dem Mieter den Gebrauch der Mietsache ganz oder zum Teil entzieht. Ob dem für das geltende Recht beigetreten werden kann, mag hier dahinstehen. Für die Neugestaltung des Mietrechts empfiehlt es sich jedenfalls, schon vom Abschlusse des Mietvertrags an dem Mieter einen Anspruch auf Herausgabe der Mietsache sowie einen solchen auf Unterlassung und Beseitigung von Beeinträchtigungen gegen jeden Dritten zu gewähren, der ihm die Mietsache vorenthält oder entzieht oder ihn in der Ausübung seines Gebrauchsrechtes stört. Einen Vorgang hätte eine solche Bestimmung in § 31 Abs. 2 MSchG., der infolge des Außerkrafttretens des Wohnungsmangelgesetzes jetzt gegenstandslos geworden ist. Zugestanden werden könnte ein derartiger Anspruch naturgemäß nur einem bei Abschluß des Mietvertrags gutgläubigen Mieter. Derjenige Mieter, dem bekannt ist, daß der Vermieter sich durch Abschluß des Mietvertrags einem anderen gegenüber vertragsbrüchig gemacht hat, oder der den Vermieter vielleicht selbst dazu verleitet hat, hat kein Recht auf einen besonderen Schutz. Auch müßte der Anspruch gegenüber demjenigen Dritten versagen, der den Besitz der Mietsache auf Grund eines noch wirksamen Vertrags schon früher in gutem Glauben vom Vermieter erlangt hatte. Die vorgeschlagene Regelung würde von selbst zur Folge haben, daß der Mieter auch einen Schadensersatzanspruch gegen den Dritten geltend machen kann, der ihm die Mietsache vorenthält oder entzieht oder ihn in der Ausübung seines Gebrauchsrechtes stört. Zum Schutze der Belange des Vermieters bedürfte es der Festsetzung einer Anzeigepflicht, wie sie bereits jetzt nach § 545 Abs. 1 Satz 2 BGB. dem

Mieter obliegt. Ferner wäre dem Mieter für den Fall, daß es zu einem Rechtsstreit gegen den Dritten kommt, die Verpflichtung zur Streitverkündung an den Vermieter aufzuerlegen.

Im Zusammenhang hiermit bedürfte auch die Vorschrift des § 571 BGB. der Abänderung dahin, daß der Schutz des Mieters gegenüber dem Erwerber des Grundstücks schon mit dem Abschlusse des Mietvertrags, nicht erst mit der Überlassung an den Mieter eintritt (wie dies nach § 1 Abs. 1 Satz 2 MSchG. bereits der Fall ist).

Ich bin der Auffassung, daß mit Durchführung der vorstehend entwickelten Grundsätze die dem Mietrecht des BGB. anhaftenden Mängel im wesentlichen beseitigt wären und das Mietrecht dann in der Lage sein würde, der großen Zahl der Volksgenossen, denen ein Wohnen auf eigner Scholle versagt ist, in den Grenzen der Möglichkeit ein gesichertes Heim zu vermitteln.

Schriften der Akademie für Deutsches Recht

Bisher erschienen in der Gruppe
Schuldrecht:

Heinrich Stoll

DIE LEHRE VON DEN LEISTUNGSSTÖRUNGEN

Br. RM 6.—

Verlag J. C. B. Mohr, Tübingen 1936

Friedrich Lent

WILLE UND INTERESSE BEI DER GESCHÄFTSBESORGUNG

Br. RM 4.50

A. Deichert'sche Verlagsbuchhandlung, Leipzig 1938

FSC
www.fsc.org
MIX
Papier | Fördert gute Waldnutzung
FSC® C083411

Kolibri 360 GmbH
Ferdinand-Jühlke-Straße 7
99095 Erfurt, Deutschland
produktsicherheit@kolibri360.de